Der Homo stammt vom Hetero ab.

RALF KÖNIG

ARIANE UND BJÖRN GRUNDIES

Anderes Ufer, andere Sitten

Eine Gebrauchsanleitung

Mit Illustrationen von Daniel Müller

Deuticke

1 2 3 4 5   11 10 09 08 07

ISBN 3-552-06050-0
Alle Rechte vorbehalten
© Deuticke im Paul Zsolnay Verlag Wien 2007
Illustrationen: Daniel Müller – illumueller.ch
Satz und Umschlaggestaltung: Giorgio Chiappa
Druck und Bindung: Ebner & Spiegel, Ulm
Printed in Germany

Inhalt

Vorwort 9
Definition 13
Gayspotting 16
    So erkennen Sie einen Homo __ 16
    Mögliche Anzeichen im Kindesalter __ 20
    So erkennen wir uns __ 23
Die homosexuellen Typen im Einzelnen 24
    Die Langhaarlesbe __ 24
    Der Tomboy (deutsch: ugs. Wildfang) __ 26
    Die Modetrine (auch: Lipsticklesbe) __ 27
    Die dicke Ulknudel __ 28
    Der Skaterboy __ 30
    Die Tucke (auch Glitzerschwule oder Dramaqueen) __ 31
    Der Schlagfertige mit der Normalfigur __ 32
    Der Bär __ 34
    Ergänzende homosexuelle Weibs- und Mannsbilder __ 36
Homosexualität ... 38
    ... in unserer Geschichte: Vom kalos zum rosa Winkel __ 38
    ... im Tierreich: Das homosexuelle Dschungelbuch __ 50
    ... in der Wissenschaft:
        Hormone, Gene, Gehirnzellen – woran liegt's? __ 53
    ... in der Politik: »Stadtluft macht frei« __ 59
    ... in der modernen Werbe-, Funk-
        und Mattscheiben-Gesellschaft __ 63
    ... mit Kind und Kegel: Regenbogenfamilien im Gayby-Boom __ 68
    ... in der Bibel: Keiner hat sich selbst gemacht __ 72
    ... in anderen Ländern: Über'n Tellerrand geschaut __ 78
Top Ten Fragen eines Heteros 86
    Hassen alle Lesben Männer? __ 86
    Kann man Homosexualität heilen? __ 88
    Kommen Homos in den Himmel? __ 90
    Trage ich als Elternteil die Verantwortung
        oder der schwule Kindergärtner? __ 90

Können gleichgeschlechtliche Paare Kinder kriegen? _ 93
Wer ist der Mann und wer ist die Frau? _ 96
Wie gefährdet bin ich als Hetero wirklich? _ 98
Wie liebt man ohne und wie mit zwei Teilen? _ 100
Sind Lilo Wanders und Co. nun Frauen oder nicht? _ 102
Wann weiß man, dass man homosexuell ist,
    und wie kann man sich da so sicher sein? _ 106
Warum vergöttern die Schwulen Greta Garbo
    und die Lesben Romy Schneider? _ 107

Insider 108

Das Coming Out _ 108
Der Christopher Street Day _ 110
Irrtum _ 113
Polari _ 114
Lieblingsorte _ 115
Treue _ 118
»Wahre Lesben« _ 119
Intoleranz _ 121
Angst _ 124
Das schwule Internet _ 124
Wo genau liegt Lesbos? _ 127
Farben und Symbole _ 129
Stars und Sternchen _ 131
Altsein _ 132
Die Kinsey-Skala _ 136
§ 175 _ 137

Was wir meinen, wenn wir sagen … 138

… wir wollen heiraten _ 138
… ihr seid wie wir _ 140
… der Papst ist doof _ 141
… wir sind eine Familie _ 143
… typisch hetero _ 144
… dafür haben wir nicht gekämpft _ 145
… einer muss den Anfang machen _ 146

Das passiert, wenn … 148
  … die Homos aussterben __ 148
  … ein Homo einparkt __ 150
  … aus Volker Gerlind wird __ 151
  … ein Schwuler Feuerwehrmann werden will __ 154
  … eine Lesbe auf den Richtigen trifft __ 155
  … ein Homo wieder Hetero wird __ 156

Verhaltensregeln … 158
  … Sie das Unwort nicht in den Mund nehmen wollen __ 158
  … sich Ihr Kind Ihnen mitteilt __ 160
  … Sie im Gebüsch einen nackten Hintern sehen __ 163
  … Sie versehentlich eine Homokneipe betreten __ 164
  … sich die Verwandten nach ihrer lesbischen Tochter/
    ihrem schwulen Sohn erkundigen __ 166
  … eine Transe ihre Betriebsfeier glamourös machen soll __ 168
  … Papa oder Mama sagen,
    sie wären von nun an homosexuell __ 170
  … sich Ihre Chefin als Lesbe outet __ 171
  … Sie plötzlich merken,
    der Schwule/die Lesbe lässt mich nicht kalt __ 172

Anweisungen für einen Smalltalk 173
Ausreden für Homophobe 176
In die Irre führend 178
  Lesben = Kugelstoßerin = lesbisch? __ 178
  Priester = schwul = pädophil? __ 180
  Transe = Tunte = Tucke? __ 181
  Schwul = weibisch + Lesbisch = vermannt? __ 182
  Schwul = AIDS = Schwulenkrankheit? __ 183

Widerlegbare Faustformeln 185
Homosexuelles Vokabular 186
Adressen, Telefonnummern und Websites 189

Die Autoren/Der Illustrator __ 191
Danksagung __ 192

Vorwort

Homosexualität ist für viele noch immer ein Mysterium, das auf die unterschiedlichste – und nicht selten skurrilste – Weise gedeutet wird. Ist sie angeboren, gar genetisch bedingt? Oder nur Folge einer fehlgelaufenen Erziehung? Vielleicht einfach nur niemanden abgekriegt, so dass ein weiterer Markt erschlossen werden muss? Einige meinen, das Schwul- oder Lesbischsein entspringe einer speziellen persönlichen Prägung oder Erfahrung; andere gehen davon aus, dass jeder Mensch von Natur aus bisexuell ist und sich irgendwann für das eine oder andere Geschlecht entscheidet. Erklärungen gibt es jedenfalls mehr als Lesben, die bei Turbine Potsdam Fußball spielen.
__ Obwohl die Bürgermeister sämtlicher Großstädte peu à peu verschwulen, die Moderatorinnen der öffentlich-rechtlichen Sender zunehmend verlesbischen und auch in unserem beruflichen und persönlichen Umfeld Homosexuelle gehäuft auftreten, sollen einer statistischen Erhebung nach drei Viertel der deutschen Bundesbürger keinen persönlichen Kontakt zu Homosexuellen haben. Diese statistische Erhebung halten wir für einen Trugschluss und denken, sie ergibt sich einzig und allein aus dem Unvermögen der Heteros, ihre schwulen Kollegen oder lesbischen Cousinen als solche zu erkennen.
__ Seit jeher helfen uns die Promis, Homosexualität salonfähig zu machen; nicht selten stellen sie ein Verbindungsglied zwischen uns und unseren Eltern her. Wenn Patrick Lindner ein Kind adoptieren und Jodie Foster einen Ehrendoktor der Universität Yale bekommen kann,

wenn der Spaßvogel Thomas Hermanns unsere Mutter zum Lachen bringt und Samantha Fox unseren Vater immer noch um den Finger wickelt, dann sind wir plötzlich nicht nur normal, sondern beinahe in. *Out* hingegen sind Heteros, die keine Ahnung davon haben, welcher Freund, Nachbar, Kollege oder Promi homosexuell ist. Sie werden immer wieder erstaunt, erschrocken und beinahe überheblich gefragt werden: Was!? Das wusstest du noch nicht? Wo lebst du denn!?
__ Jemand behauptete einmal, Jörg Pilawa wäre ein Homo: Der hätte einen Ring am Finger, und das wäre ein Zeichen dafür. Spätestens da wurde uns die Tragweite heterosexueller Unwissenheit bewusst. Heteros sollten künftig vor solch Unannehmlichkeiten bewahrt werden, und wir möchten bereits an dieser Stelle ausdrücklich darauf hinwei-

sen, dass ein Ring am Finger des Jörg Pilawa kein Erkennungszeichen für Homosexuelle ist. Ein Ring an Pilawas Finger bedeutet: verheiratet. Ein Ring an Alfred Bioleks Finger bedeutet hingegen nicht, dass er nicht schwul ist. Und weil es zugegebenermaßen auch nicht immer einfach ist, die Jörgs und Alfreds auseinander zu halten – denn nicht jeder Schwule trägt eine Federboa um den Hals und nicht jede Lesbe kurzes Haar – möchten wir grobe Anhaltspunkte geben, wie Homos zu erkennen sein könnten.

_ Sie brauchen sich nicht länger für Ihre Unwissenheit und Unbeholfenheit im Umgang mit uns (so genannten) Schwuchteln und Mannsweibern zu schämen. Was können Sie dafür, dass man Sie bisher über die homosexuelle (Gedanken-)Welt im Dunkeln ließ? Und wie sollen Sie etwas akzeptieren, wovon Sie keinen blassen Schimmer haben? Wie sollen Sie Ihrem schwulen Nachbarn fürs Blumengießen danken, wenn Sie nicht einmal wissen, was ihm in seiner schwulen Welt Freude bereitet? Wie soll man als heterosexueller Mann aufhören, sich in Lesben zu verlieben, wenn man sich nicht vorstellen kann, dass eine Frau definitiv und endgültig eine Frau bevorzugt? Wie kann man sich als heterosexuelle Frau sicher sein, dass dieser oder jener hübsche Mann doch nicht schwul ist? Und was feiert man eigentlich, wenn man einmal im Jahr mit den Homos durch die Stadt zieht und laute Musik von LKWs dröhnt?

_ Es ist keine Schande für Heteros, wenn es ihnen noch immer schwer fällt, sich mit einer gewissen Souveränität durch die homosexuelle Welt zu bewegen, und es ist nur allzu verständlich, dass das Wahren von Contenance mit der Zeit sehr ermüdend wird. Damit der heterosexuellen Akzeptanz nicht die Puste ausgeht, weil diese Haltung von *Schwul, warum nicht?* und *Lesbisch, darf ich mal zuschauen?* auf die Dauer doch zu anstrengend werden könnte, möchten wir Ihnen helfen, Vorurteile abzulegen, sich Sicherheit im Smalltalk mit Homosexuellen zu verschaffen und über das homosexuelle Leben informiert zu sein. Wir möchten Sie auf das Coming Out Ihres Kindes vorbereiten – und Sie für alle Fälle schon einmal mit dem homosexuellen Vokabular vertraut machen. Vielleicht fällt es leichter, etwas zu akzeptieren, das man ein wenig kennt.

__ In homosexuellen Aufklärungsheften heißt es gerne, Schwule und Lesben unterscheiden sich in nichts von ihren heterosexuellen Mitmenschen, mit Ausnahme davon, dass sie das gleiche Geschlecht bevorzugen. Diese Aussage der homosexuellen Verfasser entsteht aus einer Erklärungsnot: Sie wollen Normalität darstellen. Natürlich sind wir normal, aber wir unterscheiden uns in vielerlei Hinsicht, untereinander und von Ihnen. Eine wütende Tunte ist anders wütend als ein wütender Macho, und ein lesbisches Mädchen ist schneller auf einem Baum als ein Püppchen im rosa Kleid.

__ Während in einigen Ländern Homosexuelle noch erschossen werden, nebenan in Polen zum Beispiel, haben wir ganz andere Probleme. Bei uns ist ein Missverhältnis zwischen offener Homosexualität, wie sie mittlerweile doch weitgehend üblich ist, und heterosexueller Akzeptanz entstanden. Auch wenn Homosexualität scheinbar selbstverständlich auf der Mattscheibe auftaucht, ist Umfragen zufolge die Toleranz der Heterosexuellen gesunken. Nur weil Hape Kerkeling hohe Einschaltquoten erzielt, ist für Schwule und Lesben in der Realität nämlich noch längst nicht alles paletti.

__ Sollten Sie während der Lektüre – oder bereits davor – eine Unsicherheit in Bezug auf Ihre eigenen Neigungen verspüren, werden Sie in unserem Buch selbstverständlich auch ein Kapitel vorfinden, das versucht, Ihnen die Furcht zu nehmen – oder Sie darin bestärkt, dass Sie 100 % Hetero sind.

__ Lieber Hetero, wir werden unseren geschulten homosexuellen Blick nun preisgeben, aber vergessen Sie nicht, dass Ausnahmen die Regeln bestätigen, oder – um es mit dem Credo eines Swingerclubs auszudrücken: Alles kann, nichts muss. Dieses Buch ist nicht mit der Ernsthaftigkeit und Konsequenz geschrieben, die sich vielleicht der/die eine oder andere wünscht. Es gibt zahlreiche andere Bücher, die mit diesem Thema vollkommen seriös umgehen. Wir setzen darauf, dass Humor verbindet, und bitten ein Zitat von Mutter zu beherzigen: *Jedes Kind ist anders.*

Definition

Das Wort *Homosexualität* wurde im 19. Jahrhundert durch den Österreicher Karl-Maria Kertbeny geprägt. Das Wort stammt nicht, wie man meinen könnte, von der lateinischen Bezeichnung für Mensch ab, nur der Zufall will es, dass der *Homo* zugleich ein *homo* ist. *Homosexualität* setzt sich aus dem griechischen Wort für *gleich* (homo) und dem lateinischem Wort für *das weibliche und männliche Geschlecht* (sexus) zusammen, bedeutet also gleichgeschlechtlich. Folglich hat Homosexualität trotz des hervorstechenden Wortbestandteil -sex nicht ausschließlich

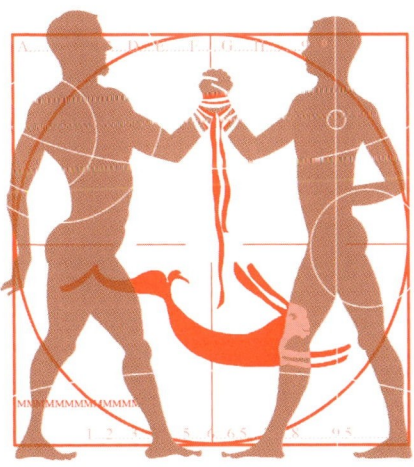

etwas mit Sex zu tun, sondern auch immer mit der Ganzheitlichkeit eines Individuums – dem Verlangen, der Fähigkeit, der Möglichkeit, der Verantwortung, einen Menschen seines eigenen Geschlechtes *ganzheitlich* zu lieben. Daher böte sich auch das Wort homophil an.

__ Das Wort *lesbisch* bezeichnet weibliche Homosexuelle. Es entstand in Anlehnung an den Namen der griechischen Insel *Lesbos,* auf der sich die Dichterin Sappho mit vielen Freundinnen umgab und womöglich eine vergnügliche Zeit erlebte. Die Bezeichnung *schwul* für homosexuelle Männer lässt sich auf das Wort *schwül* für *drückend heiß* oder durch *Schwulität – Schwierigkeit, Bedrängnis, peinliche Lage* zurückführen.

__ An dieser Stelle möchten wir Ihnen einen Auszug aus Pierre Dacos *Psychologie für Jedermann,* das vor knapp 10 Jahren (!) auf Deutsch erschienen ist und seither mehrfach nachgedruckt wurde, nicht vorenthalten, ein Werk, das eine ganz eigene Sicht auf Homosexuelle in die Welt hinaus trägt. In etwa so:

》 *Lesbismus* Gleichgeschlechtliche Beziehung bei Frauen, kann ebenfalls biologischen Ursprungs sein. Männliche, harte Frauen handeln und denken wie Männer. Meistens handelt es sich aber um ein psychologisches Phänomen: Männerhass aus den verschiedensten Gründen und Ablehnung, sich dem männlichen Gesetz zu beugen. Die Lesbierin wird geistig zum Mann und spielt aktiv die männliche Rolle, oder sie bleibt passiv, während die Partnerin den Mann darstellt, ohne jedoch den Nachteil der verabscheuten Männer zu haben. Gleichgeschlechtliche Beziehungen sind ein Symptom von Neurose, eine Kompensation und ein Notbehelf gegen die geistige Unfähigkeit, das andere Geschlecht zu lieben. Es gibt unzählige weibliche Paare. Viel Leiden, Zwangsneurosen und furchtbare Eifersucht sind die Folgen. 《

》 *Homosexualität* ist eine Form der Impotenz, denn der männliche Partner stellt eine Frau dar ohne jedoch eine Frau zu sein, das heißt ein Geschöpf, das er fürchten und hassen zu müssen

Definition

glaubt. Während einige Homosexuelle ihre Anormalität ohne sichtbares Leiden hinnehmen und weitere sogar dafür plädieren (wie zum Beispiel der französische Schriftsteller André Gide) sind viele andere Neurotiker: Sie leiden unter ihren Neigungen, gegen die ihre Moral und ihr Wille so gut wie machtlos sind. 《

Nun wissen Sie, mit wem Sie es im Folgenden zu tun haben ... aber keine Angst, das Buch, das Sie gerade in den Händen halten, wird Ihnen beweisen, dass Daco völligen Humbug verbreitet. Vergessen Sie, was Sie über Homosexualität zu wissen glauben, und widmen Sie sich aufmerksam der Lektüre.
__ *Homosexualität* heißt im Übrigen auf Chinesisch: *tongxinglian*.

... es ist einfach nur erbärmlich, dass man nicht seine eigenen Gefühle haben kann, ohne dass jemand dazwischen quatscht.

WHIPPY / INTERNETFORUM

Gayspotting

So erkennen Sie einen Homo

Es gibt unzählige Möglichkeiten, den Homo unter den Heteros zu erkennen. Wenn ein äußerst schmaler Mann vor Freude auf und ab hüpft, bei Angst beide Hände vor den Mund hält und in die Knie geht oder sich bei Aufregung Luft zufächelt, oder wenn sich eine Frau, knabenhaft frisiert, vor einen stellt, als würde sie im Stehen pinkeln, vielleicht in einer sozialen Einrichtung tätig ist, in jedem Fall aber mit dunkler Stimme sagt: *Das mach ich selber,* sollte man die Nachtigall trapsen hören.

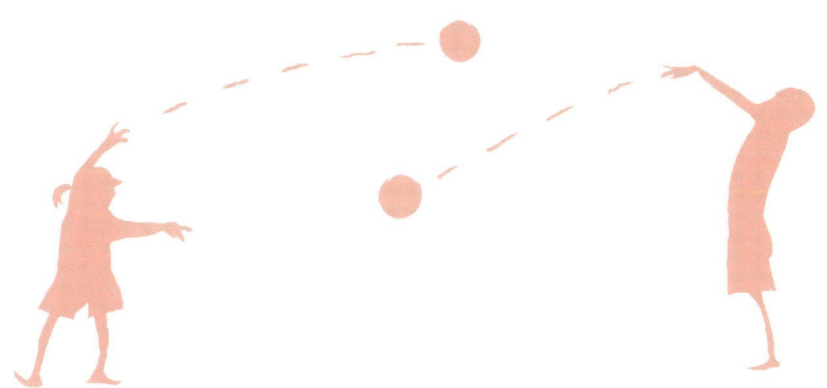

__ Nicht minder leicht machen es einem die Homos, die jedem ihre Homosexualität nahezu um die Ohren hauen, indem sie sich eine Regenbogenfahne an ihr Auto kleben oder das Fähnchen zwischen ihre Balkonpflanzen stecken. Es gibt Lesben, an deren Ohren Doppeläxte baumeln, und Schwule, die sich einen Adonis auf den Oberarm tätowieren lassen. Wenn Sie erstmal mit den gängigen Symbolen der Homos vertraut sind, werden Sie schon auf den ersten Blick sehen, dass deutlich mehr Homos unter Ihnen weilen, als Sie jemals gedacht hätten.

__ Vielleicht irritieren Sie Frauen, bei denen Sie auf den ersten Blick sehen, dass sie sehr gut im Fußball sind, oder dass ein von ihnen geworfener Ball nicht von Beginn an eine abwärts gerichtete Flugbahn aufweist, oder vielleicht gibt es Männer, denen sie auf den ersten Blick das Geschick zutrauen, Ihnen in Windeseile eine superfetzige Frisur zu verpassen, aber die Sie nicht unbedingt als erstes zu Hilfe holen, wenn es ein Auto zu reparieren gibt; zum größten Teil haben Sie es hier in der Tat mit Homos zu tun, denn die Hetero-Intuition täuscht selten. Sobald sich bei Ihnen nur der geringste Verdacht einstellt, eine leise Stimme in Ihr Ohr flüstert: *Vielleicht!* – dann können Sie davon ausgehen: *Bestimmt!*, dann können Sie davon ausgehen, dass es für jeden Homo bereits mehr als offensichtlich ist, dass Ihre Schwester, Ihr Fußballkumpel oder im Hinblick auf wen auch immer sich bei Ihnen nur der leiseste Verdacht einstellte, homosexuell sind.

__ Erstaunlich oft haben Lesben Mandel- und/oder Mittelohrentzündungen, viele Lesben weisen sogar eine leichte Schwerhörigkeit auf. Achten Sie einmal auf die Häufigkeit, mit der manche Frauen Sie nicht verstehen … Schwule hingegen holen sich sehr schnell einen Schnupfen. Man könnte meinen, weil sie nachts zuweilen äußerst leicht bekleidet im Park herumschleichen oder in den Dünen dem kalten Nordwind ausgesetzt sind, doch sind die Schwulen schon während der Kindheit kleine Sensibelchen, was Erkältungen betrifft. Eine leichte Hypochondrie zeigt sich bereits bei kleinen Jungs, die sich liebend gern von ihren Freundinnen indianische Medizin kochen und ans Sterbebett bringen lassen.
__ Auch wenn sie älter werden, können und wollen Schwule nicht auf ihre hübschen Freundinnen verzichten. Schwule sind von den attraktivsten Frauen umgeben. Ein Mann, der diese langbeinigen Frauen dennoch keines sexuellen Blickes würdigt, der hat eher selten eine alte, hässliche, verbitterte Schrappnelle zu Hause, der er treu ist – nein, er ist schwul! Oder schauen Sie sich im Supermarkt um: die zwei Frauen, die durch die Regale flitzen und Fleisch und Obst in ein und denselben Wagen legen, das sind keine Mitbewohnerinnen, – es sei denn, sie sind etwa 20 und sehen etwas verzeckt aus, dann sind es Studentinnen, die sich einen Kühlschrank ohne Eisfach teilen müssen.
__ Vielleicht gibt es in Ihrem beruflichen oder persönlichen Umfeld Männer oder Frauen, die Sie für die ewige Jungfer oder den ewigen Junggesellen halten, doch möglicherweise haben er oder sie bereits ihre Lebensabschnittsgefährten gefunden, gehören aber zur Fraktion: Nicht geoutet. Legen Sie es doch einmal auf ein persönliches Gespräch an.

Werden die betreffenden Personen erstaunlich zurückhaltend oder ausweichend, lassen Sie sie in Ruhe weiterhin über ihre Homosexualität schweigen und erfreuen Sie sich an Ihren ersten Erfolgen des Gayspottings. Die echten jungfräulichen Heteros hingegen werden sicher die Gelegenheit ergreifen, endlich ihr Leid vom ewigen Pech mit dem anderen Geschlecht zu beklagen oder von der großen Liebe zu schwärmen, die schon nach ein paar Wochen vor etlichen Jahren in die Brüche gegangen war. Oder beobachten Sie an Ihrem auserwählten Objekt, wem er oder sie hinterher schaut und von welchen Kalibern des konträren Geschlechtes sie kalt gelassen werden.

__ Achten Sie auf den Sprachgebrauch Ihrer Mitmenschen. Männer, die die Worte *angenehm* statt *gut*, *dort* statt *da* oder *näin* statt *nein* gebrauchen, sind zumindest latent schwul.

__ Sie sehen, es gibt eine Fülle von Hinweisen. Vielleicht beginnen Sie mit kleinen Übungen zum Abend. Nehmen Sie sich Ihre Lieblings-Quizshow vor. Sollte der Kandidat seine Begleitung als – *Das ist meine liebe Freundin und Nachbarin* vorstellen, oder die Kandidatin *eine* Freundin dabeihaben, deren Damenbart durch das Studiolicht nur allzu ungünstig beleuchtet wird, dann gehen Sie einen Schritt weiter, achten darauf, ob sich der Herr erstaunlich gut mit den Königshäusern und Adelsgeschlechtern auskennt und die ratende Dame vielleicht weiß, wer die letzte Rallye gewonnen oder den Zündkolben erfunden hat.

__ Viel Spaß und gute Unterhaltung!

Mögliche Anzeichen im Kindesalter

Neunjährig lief die kleine A* völlig aufgelöst zur Mutter und sagte: *Ich glaube ich bin homosexuell,* woraufhin die Mutter schlagfertig reagierte und schlichtweg behauptete: *Nein, keine Angst, das gibt's nur bei Jungen.* A* war für einige Jahre beruhigt, und machte sich erst sechs Jahre später erneut Gedanken.

__ Wenn Schwule oder Lesben von A*s Geschichte hören, tönen einige von ihnen, sie hätten ihr Coming Out bereits im Kindergarten hinter sich gebracht, hätten sich Hals über Kopf in ein Kind oder einen Erwachsenen gleichen Geschlechtes verliebt und sich plötzlich irgendwie *richtig* und *befreit* gefühlt. Monate hatte es zwar gedauert, bis sie sich die Liebe eingestehen konnten, aber fortan war's besiegelt. Vielleicht hätten sie sich gewünscht, jemand hätte ihnen früher gesagt, was mit ihnen los ist, oder jemand hätte es einfach nur verstanden und wäre sensibel damit umgegangen.

__ Damit Sie Ihrem Kind, Ihrem Neffen, Ihrer Stieftochter, Ihrem Enkelkind, Ihrem Bruder oder Ihrer Cousine von Anfang an ein guter Zuhörer, ein Verbündeter sein können, ist es nötig ein paar Anhaltspunkte zu geben, die eine mögliche, eventuelle, vielleicht vorhandene, vielleicht auch nicht vorhandene homosexuelle Neigung bei Kindern frühzeitig erkennen lassen, denn die Indizien sind nicht immer so eindeutig oder klar, wie im Fall A*. Allerdings sei gleich hinzugefügt, auch die späteren heterosexuellsten Machos tragen als Kind gerne mal ein Spängchen im Haar.

__ Sie werden die Offenbarung des sich offenbarenden Kindes souverän auffassen, werden sich entspannt zu ihm hinunterbeugen und sagen: *Ich weiß* – bitte den Mädchen nicht antworten, das gäbe es nur bei Jungen – Sie sagen also: *Ich weiß, und das ist überhaupt nicht schlimm. So bist du, vielleicht bleibst du so, vielleicht auch nicht. Es ist ganz normal. Mach dir keine Sorgen.* Hier also, im Folgenden, hilfreiche Beispiele:

__ Wenn der kleine Michael im Kindergarten die braune Wollstrumpfhose nicht anziehen mag, sondern die weiße mit gestickten Applikationen bevorzugt, wenn er sich diese im Laufe des Vormittags umgedreht auf den Kopf setzt, damit es so aussieht, als hätte er lange blonde Haare, wenn er sich dann mit dieser *Frisur* zu den Mädchen gesellt, um über die dicke Tanja zu lästern, wenn er anfängt zu weinen, wenn ihm die Erzieherin den *Wollkram* vom Kopf reißt und rüber zu den Jungs schickt, wo er mit Autos zu spielen hat, wenn er diese bodenlose Frechheit beim Abholen Mutti sofort petzt, sich unverstanden und schlecht behandelt fühlt, wenn er noch mal schnell zu Gunnar läuft und ihn zum Abschied küsst, wenn er sich am Abend weigert Fisch zu essen, oder andere Gerichte, wo noch Augen drin stecken oder wo was rauskullert, sobald man es aufschneidet, und er auch sonst ein mäkliges, zickiges Verhalten an den Tag legt, und sowieso, wenn er sich die Kirschen vom Dessert an die Ohren hängt, dann könnte man mal drüber nachdenken.

__ Oder Sabine, die sich ihren Zopf, der auf irgendeine Weise aussieht, als hätte man ihn ihr eher aus Versehen drangehängt, wenn sie diesen Zopf ständig zwischen Nase und Oberlippe klemmt, um einen Schnauzer wie Onkel Uwe zu haben, wenn sie sich das Taschentuch gerne direkt vorne in die Strumpfhose steckt, statt diskret an die Seite, wenn sie auf den Fotos mit Rock so unglücklich aussieht, als hätte man ihr Meerschweinchen gerade versehentlich in der Toilette runtergespült, wenn sie sich weigert sich auf die Toilette draufzusetzen, sondern sich breitbeinig auf den Rand stellt, wenn sie herzzerreißend weint, sobald man ihr eine Puppe in die Faust schiebt, wenn sie die Jungs beim Rodeln lachend über den Haufen fährt, wenn sie sich gern in der Nähe einer Verwandten aufhält, die aussieht wie Gertrude Stein, dann könnte man mal drüber nachdenken.

So erkennen wir uns

Erkennen bedeutet in diesem Kapitel ganz eindeutig *erkennen* und hat nichts mit homosexuellem Beischlaf zu tun.

__ Zum einen erkennen wir uns auch an den unter Gayspotting genannten Anzeichen und Hinweisen, wobei wir dabei ein lesbisches oder schwules Adlerauge besitzen. Wenn an uns eine Regenbogenfahne vorbeifährt, übersehen wir sie kaum. Wir beherrschen die Symbole und Codewörter aus dem Effeff und nehmen sie überall und immerzu mit unserem *gaydar* (siehe Vokabular) wahr. Wir kennen das Einmaleins der homosexuellen Kleiderordnung, Bewegung, Gesprächsthemen und sogar Einkaufszettel (Schwule kaufen Augencreme und Katzenfutter; Lesben Nivea und getrocknete Schweineohren). Ein Blick auf die Hände, die Frisur oder die Hosen genügt uns – wir wissen Bescheid. Wir sind so professionell im Gayspotting, dass unsere Trefferquote oft bei über 90 % liegt (zum Vergleich: Sie werden Jahre brauchen, um an die 30 % Hürde heranzukommen).

__ Zum anderen erkennen wir uns aber, und das vor allem, an unseren Blicken. Treffen sie sich, gehen wir mit einem Aha-Erlebnis an uns vorüber. Der eine Blick sagt: *Ich hab dich erkannt.* Der andere antwortet: *Na und? Ich dich auch.* So in etwa müssen Sie sich das vorstellen.

__ Sie glauben, bei einer neunzigprozentigen Hetero-Rate in der Bevölkerung müssten wir beim Flirten doch ständig von einem Fettnäpfchen ins nächste, von einem Korb zum andern wandern? Nein, weil Sie Ihrem eigenen Geschlecht, sofern Ihre heterosexuelle Neigung stark genug ausgeprägt ist, nicht mit sexuellem Interesse länger als drei Sekunden in die Augen sehen.

Die homosexuellen Typen im Einzelnen

Die Langhaarlesbe

Die Langhaarlesbe ist lesbisch und trägt ihr Haar lang. Einige tragen ihr Haar aus Überzeugung lang, andere weil sie noch lieber Langhaar- als Kurzhaarlesbe sind, manche, weil ihnen gerade erst wie Schuppen von den Augen gefallen ist, dass sie lesbisch sind, und sie sich erst noch das Haar abschneiden müssen, wieder andere, damit es nicht so auffällt. Als Langhaarlesbe hat man bei den Heteros eindeutig die besseren Karten. Outet sich eine Langhaarlesbe, atmen die Heteros erleichtert auf und versuchen sich sofort gegen die anderen, die echteren Lesben zu verbünden. *Na, wenigstens bist du nicht so eine,* sagen sie. Und die Langhaarlesbe nickt nicht minder erleichtert. *So* eine ist die Langhaarlesbe nicht, aber sie ist trotzdem eine. Auch sie erscheint meistens lieber im Anzug, und ihrem Gang sieht man an, dass sie trotz des Langhaar-Gens auch ein Cowboy-Gen in sich trägt. Prinzipiell haben Langhaarlesben keine Probleme mit dem Coming Out, im Gegenteil: Sie erfreuen sich gerne am Überraschungseffekt. So wie Maren Kroymann, Kabarettistin/Schauspielerin, Langhaarlesbe, die sagt, ihr hätte das Coming Out teilweise sogar Spaß gemacht, weil die doofen Heteros oft gesagt haben: *Was?! Du auch? Hätt' ich ja nich jedacht. – Ja, ich auch,* rief die Langhaarlesbe und klatschte in die Hände. Hatte sie doch jahrelang alle an der Nase herumgeführt. So sind die Langhaarlesben, sie führen einen an der Nase herum. Es ist nicht so, dass Langhaarlesben sich nicht gerne

Die homosexuellen Typen im Einzelnen

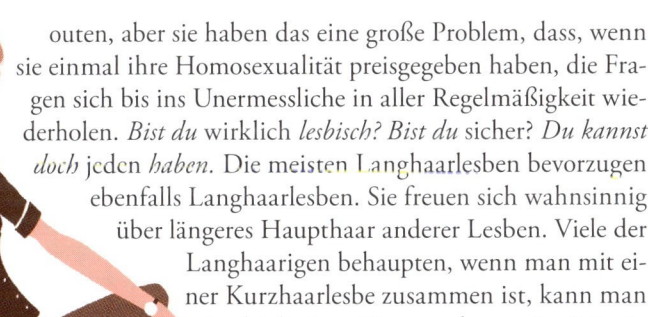

outen, aber sie haben das eine große Problem, dass, wenn sie einmal ihre Homosexualität preisgegeben haben, die Fragen sich bis ins Unermessliche in aller Regelmäßigkeit wiederholen. *Bist du* wirklich *lesbisch? Bist du* sicher? *Du kannst doch* jeden *haben.* Die meisten Langhaarlesben bevorzugen ebenfalls Langhaarlesben. Sie freuen sich wahnsinnig über längeres Haupthaar anderer Lesben. Viele der Langhaarigen behaupten, wenn man mit einer Kurzhaarlesbe zusammen ist, kann man ja gleich einen Typen nehmen. Im Prinzip kann man also sagen, die Langhaarigen sind die intoleranten unter den Lesben, die, die gerne sagen: *Kuck mal die mit dem Bürstenschnitt! Schrecklich.* Und dann greifen sie sich stolz ins Haar und fühlen sich wie die bessere Lesbe, die, die es eigentlich nicht nötig hätte vielleicht, die, die anders könnte, wenn sie wollte. Langhaarlesben pflegen gerne mal Freundschaften mit heterosexuellen Männern, eine Freundschaft, die weder mit einem One Night Stand begann, noch jemals damit enden wird. Die Freundschaft beruht auf anfänglicher Verliebtheit von männlicher Seite und setzt sich fort im Spiel von: *Du kriegst mich, nein, du kriegst mich nicht.* Bedauernswerterweise kriegt der Heteromann sie am Ende nicht, denn auch das längere Haar macht die Lesbe nicht heterosexueller.

__ In Internetchats bezeichnen viele Langhaarlesben ihre *Einstellung* als *Femme.* Doch meistens bleibt es bei dem längeren Haar, das eine Lesbe zur angeblichen *Femme* macht, denn am Ende sind sie eben auch nichts anderes als Lesben. Nie sieht man sie stärker geschminkt als nötig, schließlich ist auch die TV-Langhaarlesbe froh, *wenn das Zeug nach der Sendung runterkommt,* und ihre Fingernägel sind praktisch kurz. Prominente und geoutete Vertreter dieser Kategorie wären zum Beispiel Miriam Müntefering und Jodie Foster.

Der Tomboy (deutsch: ugs. Wildfang)

Ein Tomboy ist ein Mädchen, das häufig mit folgendem Dialog aufgewachsen ist.

> FREMDE FRAU AN DER BUSHALTESTELLE
> *Der ist ja zuckersüß. Na, Kleiner?!*
> MUTTER
> *Der ist ein Mädchen.*

Der so genannte *Wildfang* tollt herum wie ein Junge, ungeachtet der gängigen Rollenklischees. Selbstverständlich mag solch ein Mädchen das Haar lieber kurz und die Hosen lieber schmutzig. Es ärgert mit Vorliebe andere Mädchen und beneidet männliche Freunde um die Weihnachtsgeschenke. Es ist nicht beleidigt, wenn es von der Bäckerin mit einem Jungen verwechselt wird, im Gegenteil, es empfindet für alle Erwachsenen, denen diese Verwechslung unterläuft, eine große Sympathie. Röcke oder längeres Haar sehen an Tomboys wie ein Versehen aus. Sie weinen weniger und lesen alle Karl-May-Bände hintereinander. Hanni und Nanni-Bücher, die sie von den Tanten geschenkt bekommen, benutzen sie höchstens als Trittbrett, um an die Zigaretten im oberen Regalfach zu gelangen, die dann lässig und unangezündet in ihren Mundwinkeln stecken.
__ Ein Tomboy kann sich im erwachsenen Alter durchaus mit seinem weiblichen Geschlecht anfreunden und fiebert nicht zwangsläufig einer Umoperation entgegen, d. h. ein Tomboy ist nicht mit einem Transsexuellen zu verwechseln. Aus manchen Tomboys werden unter Umständen sogar Langhaarlesben, sogar Mütter, sogar heterosexuelle Mütter, auch wenn aus vielen doch eher eine stinknormale Kurzhaar-Lesbe hervorgeht, die die Natur schon von sich aus mit einer knabenhaften Figur bedacht hat. Ein Tomboy versteht es prächtig, Freundschaften

mit Männern zu schließen, und wird zu einem echten Kumpel, auf den man(n) sich verlassen kann.

__ Einige bleiben ihr ganzes Leben lang ein Tomboy. Sie werden dann u. a. Kommissarinnen im Fernsehen, dürfen Uniformen tragen, Motorrad fahren und die ganze Zeit klettern und rennen und schubsen und Frauen aus brenzligen Situationen befreien. Oder sie werden erfolgreiche Girlgroupmitglieder und als der *Wildfang* vermarktet, der den kleinen Mädchen als gutes Beispiel für Emanzipation dienen soll.

__ Prominente Paradebeispiele wären summasummarum Ulrike Folkerts oder auch No-Angel Lucy.

Die Modetrine (auch: Lipsticklesbe)

Mit der lesbischen Modetrine verhält es sich konträr zum Tomboy. Während ein Tomboy als Tomboy auf die Welt kommt und im Laufe der Jahre mehr oder weniger von seinen Wildfangattitüden ad acta legt, muss sich die Modetrine ihre Armreifen und Paillettenkleider erst Stück für Stück erbetteln, erarbeiten oder erschleichen. Da sich eine Modetrine als Kind nicht in jedes Kleid stecken lässt und nicht in jedem Schühchen laufen mag, hat sie es keineswegs leichter als die Tomboys. Sie hat es allerdings auch nicht leichter als die Langhaarlesbe, zumindest, wenn sie in der lesbischen Szene unterwegs ist. Da sehen die Modetrinen wie verlassene Heteras aus, die momentan die Schnauze voll von Männern haben, und sich einsam und verlassen unter Frauen ein Bier hinter die Binde kippen wollen. Oder sie werden tout suite als bisexuell abgestempelt, auf der Suche nach einem Opfer für einen gepflegten Dreier, oder sie wirken wie eine, die sich alles alles kaufen kann, nur so'n kleines lesbisches Abenteuer, das hat sie heute in keinem Geschäft gefunden. Die lesbischen Modetrinen haben es wahrlich nicht leicht, sich unter den Lesben zu behaupten.

__ Haben die anderen Lesben allerdings erst einmal begriffen, dass die im roten Kostümchen da doch und in echt lesbisch ist, dann schmeißen sie sich ihnen an den Hals oder vor die Füße. Von so einer Frau träumen sie in der Nacht, seit sie sie in *The L-Word* gesehen haben. Von so einem Leben haben sie gar nicht zu träumen gewagt, eine Frau, wie sie sonst den Männern vorbehalten ist, eine, die Kohle hat, ein Cabrio fährt, eine Frau, die einen lieblichen Duft und weibliche Accessoires in die lesbischen pragmatischen Haushalte trägt, eine Frau, deren Absätze im Treppenhaus hallen, wenn sie sich unter dramatischen Tränen auf und davon macht. Gerne sieht man eine Modetrine mit einem feschen Tomboy.

__ Bei den lesbischen Modetrinen gibt es jedoch viel Schmu, denn zum Beispiel wird aus beinahe jeder lesbischen Prominenten eine Modetrine gezaubert, aus der, kaum dass das Scheinwerferlicht erlischt, ein kleiner furzender Macho wird. Zwar können die falschen Modetrinen die Homos nicht täuschen, aber euch Heteros spielen sie alle einen optischen Streich. Und deshalb kennt ihr auch bestenfalls eine prominente Lesbe, weil nämlich bei der nicht versucht wird, zu zaubern, weil sie, ganz dem Klischee entsprechend, in jeder Show mit einem Overall sitzen darf.

__ Die modischste Modetrine unter den lesbischen Modetrinen ist wahrscheinlich Jil Sander.

Die dicke Ulknudel

Eine dicke lesbische Vera geht auf dem Lesbenmarkt doch genauso weg wie eine schöne schlanke Anne. In unserer Szene kann ein Dicker nicht mal mit Humor was reißen, meint Björn. Und was ist mit der kleinen dicken Ulknudel Dirk Bach? *Ja,* antwortet Björn. *Warum ist der eigentlich so dick? Der ist doch Vegetarier!?*

__ Wir redeten eine Weile darüber, bis wir uns glaubhafte Theorien zurecht gelegt hatten. Björn ist der Ansicht, dass das andere Schienen seien, auf denen Dirk Bach führe, die Erfolg-macht-sexy-Schiene und die Bärenschiene; kleine Nischen auf dem großen weiten Schwuppenmarkt. Offensichtlich gibt es tatsächlich einen entscheidenden Unterschied zwischen der Lesben- und der Schwulenszene. Dicke Lesben haben es leichter als dicke Schwule, weil die Frau an sich eben doch ein durch und durch durchgeistigtes Wesen ist, und Äußerlichkeiten vielleicht nur eine untergeordnete Rolle spielen. Und deshalb sind die dicken Lesben guter Dinge und machen Witzchen und Späßchen und kriegen so die Damen rum, denn am Humor lässt sich ohne weiteres der Intelligenzquotient erkennen. Eine dicke Lesbe mit Humor garantiert natürlich nicht für Intelligenz, aber sie findet eine, die zu ihr passt, und, wichtiger noch, sie wird genommen, von der, die zu ihr passt, ob sie nun Speckröllchen vorzuweisen hat oder nicht.

_ Die dicke Ulknudel lässt sich nicht in Kurzhaar- oder Langhaarlesbe einordnen, sie ist in allen Haarschubladen zu finden. Sie ist eine unersetzliche Bereicherung in der coolen Lesbenwelt, in der die Frauen auf bunten lauten Partys mit Eisesblick an den Wänden lehnen und trinken, ohne dass der Bierschaum über den Flaschenrand läuft. Sie behalten eine Hand in der Hosentasche und kucken einen so böse an, dass man ihnen zärtlich über's Haar streichen und sagen möchte: *Es ist doch alles gut, mein Schatz!* Und das versteht die dicke Ulknudel bravourös, lässt sich von dem lesbischen Verhaltenskodex überhaupt nicht einschüchtern, und bringt damit die lesbischen Herzen zum schmelzen.

_ Eine prominente dicke lesbische Ulknudel wäre Hella von Sinnen, wobei Humor, auch unter Lesben, eine Geschmacksache ist und bleibt. Andere finden Vera Int-Veen unterhaltsamer. Und ist Gitte Haenning eigentlich dick? Und wenn, ist sie dann auch lustig?

Der Skaterboy

Der Skaterboy gehört zur bevorzugten Wichsvorlage in der deutschen schwulen Gemeinde. Sein Altersspektrum reicht von wirklich sehr jung bis auf jung gemacht.
__ Basecap (der Pickelgrad entscheidet wie tief ins Gesicht gezogen), ein cooles Shirt mit coolen Sprüchen, weite Hosen aus denen die Unterhosen lugen, fetzige teure Turnschuhe, eventuell Rollen darunter – fertig ist der Skaterboy.
__ Er hört gern Musik von melancholischen britischen Jungs (die Musikrichtung nennt sich *alternativ*), er tanzt, und das hat er meistens drauf, sitzt anschließend auf Sofas, lieber noch auf versifften Fußböden seiner allabendlichen Lokalität, macht sich noch ein wenig relaxter, aber nicht mit chemischem Zeug, vertickt nach der Diskonacht seine getragenen Turnschuhe und Tennissocken für ein Heidengeld, riecht zuweilen auch selber gern daran. Seine Haare hängen ihm lässig schräg vor dem Gesicht oder stehen wider der Natur vom Kopf ab.
__ Er ist jung, frei, frech und selbstbewusst. Wird er erwachsen, verdient er sein Geld mit etwas Ausgefuchstem, einer grandiosen Idee. Solang die auf sich warten lässt, zeichnet er oder spielt Gitarre. Er trinkt Becks und raucht P&S. Der Skaterboy ist keine Labertasche. Er kuckt, checkt ab, macht klar. Es findet sich immer einer, der gerne mitgeht, denn der Skaterboy ist angesagt. Jugend ist angesagt. Boy ist angesagt. Ein Boy, der Sprünge riskiert, bei denen er sich das Genick brechen kann, einer, der sich weder schminkt noch die Augenbrauen zupft, ein natürlicher Typ. Die Schwulen wolle keine Tunte. Sie wollen auch keinen Greis. Sie wollen einen Skaterboy – warum, das kann man nur vermuten, dazu fehlen Umfragen, Statistiken, Un-

tersuchungen. Die schwulen Amis stehen mehrheitlich auf Uniformen und hierzulande sind es eben Jugend, Turnschuhe und eine interessante Frisur.

In unserer Fantasie sind eigentlich alle Skaterboys, die in der Glotze auftauchen, schwul, sagen meine Freunde D* und B* aus H*. Und wo taucht so'n Skaterboy mal im Fernsehen auf?

Die Tucke (auch Glitzerschwule oder Dramaqueen)

Jürgen ist zum Beispiel solch ein Beispiel: solariumbraun, schlank, rasiert, überall. Jürgen trägt einen Tick zu enge Hosen von Dolce und Gabbana und dazu passende, einen Tick zu enge Oberteile. H&M kommt ihm nicht in die Tüte, Ikea nicht ins Haus, nur Möbel aus dem Ikaruskatalog. Ihm kommt überhaupt nichts Billiges in die Wohnung, außer seinem Exfreund. Jürgen trinkt gerne Weinchen, Sektchen und Champagner. Er hat schon mal gearbeitet – im Reisebüro. Seine Perserkatze ist fett und heißt Lola, ist gaaaaaanz lieb und soooooo verschmust. Jürgen tanzt gern, am liebsten oben ohne in Bars und irgendwo da unten hat er noch ein neckisches Piercing. Jürgen geht wöchentlich zur Maniküre und Kosmetik. Jürgen kann sich unheimlich gut beschweren und die Kellnerin rundmachen, wenn der Sekt nicht kalt ist. Die lass ich springen, sagt er dann. Jürgen weiß Bescheid, wer mit wem, und dazu weiß er auch, ob das gut oder schlecht ist. Er hat die Macht Partnerschaften zu zerstören. Jürgen glitzert im Gegenlicht ganz wunderbar, weil er Schmuck trägt und Zahnpasta aus Amerika benutzt. Jürgen möchte seiner Mutter so so gerne mal vor den Latz knallen, dass er Frauen scheiße findet, außer zum Lästern, dass er keinen Balg will, nie und nimmer, weil das einem siebzehn Jahre auf der Tasche liegt, mit Abi noch länger. Von Frau und Kind und Haus will er nur ein Haus, und zwar auf Zypern, wo er ganz in weiß morgens seinen Golden Retriever ausführt. Aber seine Mutter erkennt die Zeichen der Zeit nicht, er kann glitzern wie er will, und er findet es wirklich fürchterlich, wenn die Leute die Zeichen der Zeit nicht erkennen. Wenn seine Badmintonpartnerin nicht sehen will, dass er zuviel Speck auf den Hüften hat, obwohl die Zahlen für sich sprechen: 185 cm bei 71 Kilo! Nur Bekannter Tucke-Stefan schlägt die Hände vor den Mund und säuselt: *Lass dir doch was absaugen.* Stefan hasst Sport, er liebt Ärzte, besonders die, zu denen die Promimädels auch hingehen. Stefan ist so oder so ein kluger Hase, er lässt sich von wohlhabenden Männern aushalten. Stefan ist Promi, jeder kennt ihn in der Schwulenszene seiner Stadt – er hat alles erreicht. Glitzerschwule stehen auf reiche Kerle und Prosecco, den Stefan Prosettschio nennt. Aber Absaugen kommt bei Jürgen nicht so gut an, denn Jürgen hat vor allem Angst, besonders vor Krankheiten. Muskelkater, Völlegefühl und stinknormale Pickel gibt es seiner Ansicht nach nicht. Es gibt nur Tumore, Tumore und nochmals Tumore. Die Fragen bleiben ungeklärt, denn zum Arzt kriegen ihn keine zehn Pferde, da müsste er sich ausziehen. In der Disko geht das, beim Arzt – nein!

__ Die letzten Irritationen erlebt Jürgen im Bad, wenn er sieht, was im Laufe des Tages aus der Frisur geworden ist. *Ohhhhhhh Mannnnoooooooo,* ruft er und stampft wütend auf den Boden. Jürgen ist zum Beispiel so ein Beispiel.

Der Schlagfertige mit der Normalfigur

Der Schlagfertige in Normalfigur tut sich durch Schlagfertigkeit hervor. Er sieht nicht *zu* dick aus und auch nicht gertenschlank, kurz, er wiegt bei einem Meter achtzig normale achtzig/fünfundachtzig Kilo, wie es ihm der Body Mass Index gerade noch erlaubt. Um seine Pölsterchen zu retuschieren, hat er immer einen flotten Spruch auf den Lippen, dass keine Zeit bleibt, sich die Frage zu stellen, ob er nun *gera-*

Die homosexuellen Typen im Einzelnen

de richtig ist oder doch einen Zahn zu dick. Der Normalo, der Schlagfertige, ist der Liebling der Schwiegermütter. Er bringt sie zum Lachen, und die Nachbarn und Verwandten wittern keine Homosexualität, wenn der Sohn einen Normalo mit nach Hause bringt. Das ist dann nur ein ganz normaler Freund, ein Netter, der aus unerfindlichen Gründen keine Freundin hat. Der Schlagfertige mit der Normalfigur ist sozusagen die Langhaarlesbe unter den Schwulen, einer, bei dem sich die Heteros zig Mal fragen, ob er wirklich schwul ist, weil er ja gar nicht so aussieht. Er macht sich keine unnötigen Gedanken über seine Homosexualität, er tüftelt lieber am nächsten Spruch. Hier kommen ihm einige unter Homosexuellen sehr verbreitete Fähigkeiten entgegen – Selbstironie, schnelle Auffassungsgabe, Spießumdrehenkönnen. Um andere schwulen Eigenschaften kommt er trotz seiner Normalität nicht herum, er kann sie nur besser kaschieren als andere: Er macht erst gar nicht den Führerschein, bestellt Handwerker ohne mit der Wimper zu zucken und putzt, bevor ihm Spinnen schrille Schreie entlocken könnten. Er leidet nicht wie einige andere Schwule an Selbstüberschätzung, aber er ist auch, wie die Lipsticklesbe, häufig ein Betrüger, einer, der wie seine weiblichen Homopendants gegen seinesgleichen wettert, einer, dem hin und wieder ein abfälliges *Tunte* über die Lippen kommt, und der es – übrigens erstaunlich gut – versteht, diese Tunte nachzuaffen. Was er dafür will? Seine Anerkennung als Normalo bei den Heteros. Er sucht sich vor allem heterosexuelle Freunde, die ihm das Gefühl geben, alles wäre ganz normal, die ihm aber gleichzeitig auch das geben, was er sich insgeheim wünscht – das Gefühl, er wäre etwas ganz Besonderes.

__ Der normale Schwule, nie um einen Witz verlegen, taucht mal in der Szene auf, mal taucht er wieder unter, er mag zwar ABBA, kann sich aber auch für Sting begeistern, er trägt mal einen Bart und mal Turnschuhe. Er wünscht sich Kinder, einen Hund oder eine teure Espressomaschine oder alles zusammen. Der Schlagfertige mit der Normalfigur zeichnet sich dadurch aus, dass er alle anderen schwulen schlagfertigen Normalfigurträger total schwul findet.
__ Hape Kerkeling zum Beispiel ist ein Normalschwuler, der für viele Heteros ganz normal aussieht, aber trotzdem so lustig ist wie ein Schwuler.

Der Bär

Der so genannte Bär hat sich ein Nest abseits der Szene gebaut, in dem er Winterschlaf halten, naschen und andere Bären willkommen heißen kann. Der schwule Bär passt nicht in die komplettrasierte, gebräunte und durchtrainierte Schwuppenwelt. Er ist behaart, dicklich, hat sein eigenes Publikum, seine eigenen Tanzabende und sogar seine eigene Flagge (siehe Symbole), die er neben der Regenbogenfahne vor seiner Höhle hisst. Er gilt als gemütlich und umgänglich, freundlich, ruhig, bietet viel Platz zum Anlehnen und *Fell* zum Festhalten. Er ist, im Gegensatz zu seinen prominenten Artgenossen aus der Tierwelt, *nicht* gefährlich, vielmehr ein Teddy als ein Raubtier. Die Bären tun sich oft zusammen, leben miteinander glücklich und zufrieden und stellen eine weitere Facette der schwulen Prototypisierung dar. Manchmal haben sie mit doppeltem Mitleid zu kämpfen: dick und auch noch schwul (die Heteros). Dick und auch noch behaart (die Homos). Aber den Bären geht es gut, sie wissen um ihre Vorzüge. Sie sind ernst zu nehmende Kritiker des schwulen Adoniswahns.
__ Es gibt aber auch Schwule, denen das Bärsein nicht in die Wiege gelegt worden ist, die erst nach und nach in die Kategorie, meist ungewollt, *hineinwachsen.* Es wird dann der Tag kommen, an dem ein guter Freund sagt: *Jetzt gehörst du bald zu den Bären.* Natürlich kann sich ein Bär auch wieder in ein Reh verwandeln, dem Menschen stehen

Die homosexuellen Typen im Einzelnen

diese Wunder der Natur zur Verfügung. Schwule Bären auf dem Weg ins Bärsein oder wieder aus dem Bärsein heraus tanzen auf mehreren Hochzeiten und sind überall zu sichten.

__ Viele schwule Bären stehen im Verdacht, sich gern in Leder zu kleiden, auch wenn es schwer fällt, einen Zusammenhang zwischen BMI und Materialvorliebe zu knüpfen. Doch so soll es sein.

__ Ein berühmt gewordener Bär taucht hin und wieder im TV mit oder ohne seine berühmte Freundin auf und versucht mindestens genauso lustig zu sein wie sie. Sein Nachname klingt wie ein vor sich hinplätscherndes Gewässer. Seinen Vornamen teilt er mit vielen anderen Schwulen.

Ergänzende homosexuelle Weibs- und Mannsbilder (in Stichworten)

Ergänzende Mannsbilder

DIE KLEMMSCHWESTER ungeoutet, oft ein kleiner Macho, passt sich seiner Umgebung wie ein Chamäleon an, so kann er sich in einem Fußballfan, einem Familienpapa, einem Bundeswehrsoldaten, einem Handwerker, schlicht in jedem verbergen, in jeden verwandeln.

DIE MUSKELSCHWULETTE ODER DER BODYBUILDER trägt Muskelshirts aus Leidenschaft, geht ins Fitnesscenter aus Leidenschaft und liest Pippi Langstrumpf leidenschaftlich gern.

DER COWBOY wurde nicht erst durch *Brokeback Mountain* aus der Erde gestampft, sondern bereits durch die YMCA-Villagepeople, trägt schmutzige Jeans und Hut, schwingt gekonnt sein Lasso und träumt von einem Pferd, hat aber auf seinem Bauernhof meistens nur Ziegen und Zicken.

MAMASÖHNCHEN ist schon jenseits der 45 und lebt noch bei Mama, vorwiegend in irgendeinem Kaff, sein Sofa ist von Stofftieren bevölkert, er neigt zu Dicklichkeit oder extremer Dünnheit, über seinem Bett hängt ein George Michael-Poster.

DER LEDERBURSCHE das Sehen oder Tragen von Leder stimuliert ihn, deshalb sieht er gerne andere Typen in Lederkluft oder trägt selbst eine.

Die homosexuellen Typen im Einzelnen

Ergänzende Mannsweiber und Weibsbilder

DIE HARDCORELESBE, KAMPFLESBE, TRUCKERLESBE ein Ohrring (Creole), Rucksack, Hände in den Taschen der Baggyhose, robuste Schuhe mit Schmutzkruste, ein schiefes Lächeln oder gar keines, meistens gar keines.

DIE TRADITIONELLE KURZHAARLESBE hat zumindest ein Gefühl für Chic, verhält sich unauffällig, ist umgänglich, kann sich artikulieren und tut gerne einen Gefallen, meistens uneitel genug, eine Brille zu tragen.

DIE ÖKOLESBE auch ein Ohrring (ein lang herunterhängender im indianischen Stil), bequeme Latschen, Haare aus praktischen Gründen meistens kurz, gerne farbig, am liebsten rot, untaillierte Oberteile, isst nicht nur Körner, sondern auch Algen und Hülsenfrüchte, kennt sämtliche östliche Selbstverteidigungstechniken mit Namen und Begründer, benutzt so genannte Schwämmchen statt Tampons, sie ist außer Öko häufig auch Feministin.

SOLARIUMLESBE streng zurückgeglättes Haar, unzählige Silberringe, weiße Plateauschuhe, leicht aggressives Verhalten trotz der Extrapackung Licht, dünne Striche da wo andere Augenbrauen haben, ausgestattet mit der neuesten Technik. So wie auch die Kampflesbe haben die Solariumlesben die kleinsten Handys, teuersten iPods, modernsten Kopfhörer etc.

KESSER VATER kauft Hosenträger, trägt Seitenscheitel und fordert die Dame zum Tanz heraus – oder auf.

Homosexualität ...

... in unserer Geschichte: Vom kalos zum rosa Winkel

Zeus flog als Adler zur Erde hinab, um sich Ganymed, den schönsten Jungen der Welt, als Geliebten mit auf den Olymp zu nehmen.
__ Für die Griechen in der Antike war dies keine unwürdige Karikatur ihres Gott- und Menschenvaters. Die Liebe zwischen einem älteren Herrn und einem Knaben war so natürlich und selbstverständlich wie die Einnahme einer Mahlzeit. Doch fasste man diese Begegnungen damals noch nicht unter dem Wort *Homosexualität* zusammen, sondern nannte die ganze Angelegenheit *paiderastia* (Päderastie), abgeleitet von *pais* (Junge) und *eran* (lieben). Die Begriffe *Homosexuelle, Schwule* und *Lesben* entstanden erst ein paar tausend Jahre nach dieser antiken griechischen Form. Und noch ein paar Jahre zogen ins Land, bis sich dieHomosexuellen unter ihrer neu geschaffenen Bezeichnung daran machten, ihre Geschichte zu erforschen.
Erstaunt hielten sie fortan antike Teeschalen mit den darauf abgebildeten homosexuellen Handlungen in den Händen, verwundert drehten sie Vasen mit der Inschrift *kalos* (der Schöne) hin und her, auf denen Jünglinge dargestellt waren, die Inschrift *kale* (die Schöne) fand man weitaus seltener. Sie verstanden, warum in einen Finger der

kolossalen Zeusstatue in Olympia *kalos Pantarkes* geritzt war: weil nämlich der Liebhaber des berühmten Bildhauers Phidias Pantarkes hieß. Kaum ein antikes Kunstwerk kam ohne Lobhudelei auf das schöne (männliche) Geschlecht aus.

Liebschaften zwischen Männern waren gängig, wurden unterstützt und geachtet, aber nur, solange sich die *Homos* an die festgeschriebenen Rollen hielten. Zum einen mussten die Jungen passiv und die Alten aktiv sein, zum anderen durfte keine Lust und Leidenschaft zwischen den beiden entflammen, was für Außenstehende schwerlich nachprüfbar gewesen sein dürfte. Man glaubte, dass durch das sexuelle Bündnis die Seele und die Weisheit des Älteren in den Knaben übergehen. Wollte es ein junger Grieche *richtig* zu was bringen, hatte er also am besten Sex mit Sokrates. Der junge Grieche, dem am Ende tatsächlich dieser Clou gelang, hörte auf den Namen Alkibiades, ein Name – so schön wie er selbst.

__ Platon, Sokrates' Schüler, prägte bekanntlich den Begriff *platonische Liebe*. Er beschrieb in seinem Werk Phaidros eine seelisch-sinnliche Beziehung eines älteren Mannes mit einem minderjährigen Jungen, die sicher nicht nur platonisch blieb, nicht in dem Sinne jedenfalls, wie wir den Begriff platonische Liebe heute verstehen.

__ So wie Alkibiades war auch Caesar einst als Lustknabe zugange gewesen. Er diente – sexuell – dem König Nikomedes von Bithynien. Später hatte der Frauenheld Caesar selbst ein Faible für Knaben. Von den Römern wurde Päderastie weniger akzeptiert, da die Ehre eines frei geborenen Jungen mit seiner passiven Rolle beim Sex schwer vereinbar schien, so mussten dort die Sklaven und die Prostituierten dafür herhalten. Früher musste, im Gegensatz zu heute, beim Penetrieren statt auf das Geschlecht auf den sozialen Status geachtet werden.

__ In der Antike machte sich unter den *Lesben* die griechische Dichterin *Sappho* einen Namen, der die heutigen Lesben die Worte *Lesbe, lesbisch* überhaupt zu verdanken haben, da die größte Lyrikerin des Altertums vorwiegend auf der Insel Lesbos lebte, wo sie die Liebe zu Freundinnen, Musen und Schülerinnen kultivierte und in Gedichten besang.

Doch auch schon vor Sappho hat es Lesben gegeben. Im 2. Jahrhundert v. Chr. tauchte erstmals das Wort *salzikrum* auf, wohl eine Bezeichnung, die dem heutigen *Mannsweib* entspräche. Es handelte sich dabei wörtlich übersetzt um eine *Tochter-Mann* oder auch *Frau-Mann*, die wahrscheinlich selbst nie Kinder bekam.

Man geht davon aus, dass es zu dieser Zeit abgelegene Gemeinschaften in Albanien, Jugoslawien und Italien gab, wo lesbische Beziehungen akzeptiert wurden. Zum Beispiel gab es in den gebirgigen Zonen von Cabiria eine eingeborene Gesellschaft, die sich ausschließlich aus Frauen zusammensetzte. In China existieren Dokumente über Beziehungen zwischen Frauen, die unter dem Deckmantel Mann und Frau zusammenlebten.

__ Im späten römischen Kaiserreich nahmen Moralvorschriften zu und es entwickelte sich, noch unabhängig vom Christentum, eine allgemeine Ablehnung jeglicher außerehelichen Sexualität.

__ Die heidnische Homophobie unterschied sich gravierend von der späteren christlichen. Auch wenn die Heiden Homosexualität nicht für gut hießen, so gingen sie wenigstens nicht gleich davon aus, dass Gott zur Strafe ganze Städte niederbrennen würde. Die Christen übernahmen das römische Recht und die römischen Strafnormen. Da homosexuelle Handlungen unter Freien verboten waren, für die Christen aber alle Menschen frei und gleich waren, gab es mit Vordringen des Christentums keine Nische mehr für Homosexualität, und so wurden nicht nur Nonnen dazu angehalten, ihrer *gegenseitigen fleischlichen Anziehungskraft in keinem Fall nachzugeben*.

__ Im Mittelalter, in der frühen Neuzeit, bis in das 19. Jahrhundert hinein, versuchten Begriffe wie *vitium sodomiticum, peccatum contra naturam, stumme Sünde* oder *Ketzerei* gleichgeschlechtliche sexuelle Kontakte zwischen Männern bzw. Frauen zu umschreiben.

__ Homosexuelle hatten in den stinkenden Großstädten des Mittelalters sicher nichts zu lachen. Sie wurden brutal verfolgt und ausgiebig bestraft. Bald zweitausend Jahre machte das Christentum den *gleichen und freien* Menschen schwer zu schaffen, und dennoch existieren Dokumente über die Eheschließung zweier Frauen im Jahr 1718 in der Petrikirche zu Muenster.
__ Es wurde berichtet, dass Söldner *erschröcklich der Sodomiterey ergeben seien*. Homosexualität zieht sich wie ein roter Faden durch die Söldnergeschichte, und das lässt sich unter den gegebenen Umständen auch bestens nachvollziehen. Bis zum 16. Jahrhundert hatten einige Söldner noch ihre Frauen dabei, doch wurde das Heer nach und nach

auf das Notwendigste reduziert, und so blieben die Männer bald unter sich. Bis ins 19. Jahrhundert war es üblich, dass sich zwei Mann ein Bett teilten, und (auch) außerhalb des Bettes war niemand wichtiger als der Kamerad. Man wirtschaftete zu zweit und setzte sich sogar gegenseitig als Erbe ein.

__ Im aufgeklärten 19. Jahrhundert forderte ein Arzt der holländischen Kolonialtruppen in Indonesien die Erlaubnis für ein Zusammenleben mit Einheimischen, weil die Söldner dadurch *weniger den Liebeskrankheiten, der Masturbation und Exzessen ausgesetzt* wären.

__ Frauenlosigkeit war auf Schiffen ein kleines oder auch größeres Problem; hier wurden die Schiffsjungen zum Ersatz erklärt. Ertappte, ob passiv oder aktiv, wurden selbstverständlich über Bord geschmissen. Homosexualität unter den Fremdenlegionären war immerhin so verbreitet, dass die Araber das Wort *Madame Légion* dafür in Umlauf brachten.

__ Sexualität wurde im 19. Jahrhundert zu einem öffentlich hinterfragten und diskutierten Thema. Der Aufklärung (!) war zu verdanken, dass Homosexualität aus dem Bereich der Kriminalität in den Bereich der Krankheiten rutschte. Psychologen nahmen sich ihrer an und verschwendeten eine Menge kostbarer Zeit. Die Verleugnung eines weiblichen Orgasmus führte hingegen lange Zeit dazu, dass die weibliche Homosexualität weniger intensiv *verfolgt* und demnach viel weniger oft bestraft wurde. Am 15. Mai 1897 gründete Magnus Hirschfeld in seiner Berliner Wohnung das Wissenschaftlich-humanitäre Komitee (WhK). Er wollte *auf Grund sichergestellter Forschungsergebnisse und der Selbsterfahrung vieler Tausender endlich Klarheit darüber verschaffen, dass es sich bei der Liebe zu Personen des gleichen Geschlechts, der sogenannten Homosexualität, um kein Laster und kein Verbrechen, sondern um eine von der Natur tief in einer Anzahl von Menschen wurzelnden Gefühlsrichtung handelt.*

__ In den güldenen Zwanzigern entstanden in Metropolen wie Berlin, New York und London Lesben- und Schwulenkreise. Homosexuelle, meist aus besserem Hause und dem Künstlermilieu nahe stehend, formierten sich und ließen es krachen. In diesen offenen, kreativen Kreisen konnten sie ihrer Sexualität frönen, ohne deswegen angezeigt oder

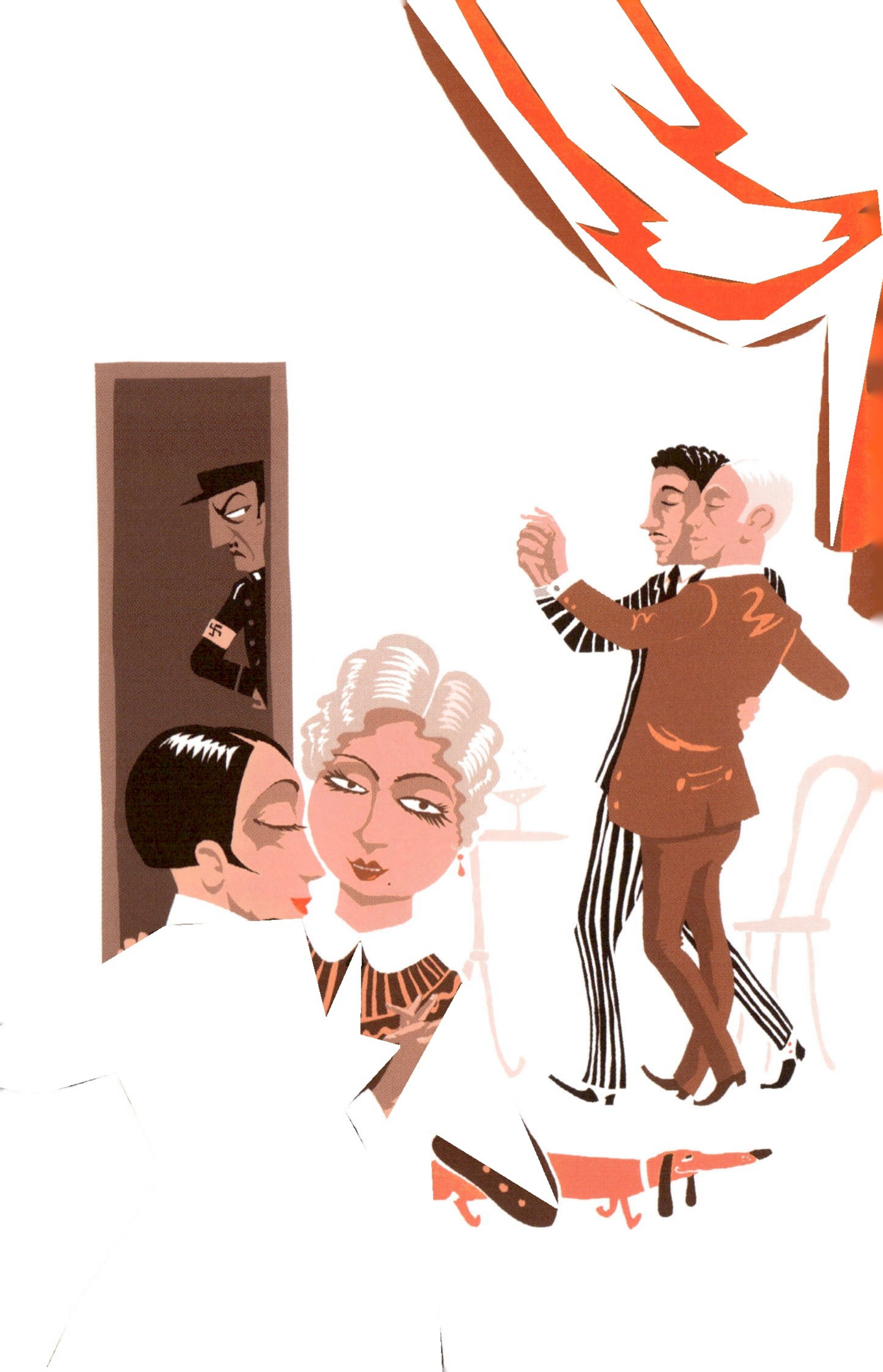

bestraft zu werden. Ob Greta Garbo, Gertrude Stein oder gleich die gesamte Mann-Fraktion, sie alle begannen die Homosexualität in die Ballhäuser und Theater zu tragen, und nicht nur Marlene Dietrich zeigte sich im Frack.

__ In Deutschland endet die Hoch-Zeit der lesbischschwulen Kultur mit der Machtübernahme der Nationalsozialisten.

__ 1933 plünderten und verbrannten NS-Studenten Hirschfelds Lebenswerk, damit verschwand nicht nur die große Bibliothek wichtiger Schriften zur (Homo)Sexualität, sondern auch das *WhK*. Auch wenn vielen SS-Führern, paradoxerweise zu Recht, Homosexualität nachgesagt wurde, so wurden Homosexuelle im *Dritten Reich* offensiv verfolgt und ins Konzentrationslager gesteckt, wo sie außerdem Opfer der anderen Inhaftierten wurden. (Eine detaillierte Darstellung der Homosexuellenverfolgung im Dritten Reich finden Sie gleich im Anschluss.)

__ 1969 kam es zum legendären Aufstand in der New Yorker *Christopher Street*. Dieses Ereignis gilt als Wendepunkt in der Schwullesbischengeschichte, die von Unterdrückung, Verfolgung und Bestrafung geprägt ist.

__ In Österreich erfolgte der Beginn des Widerstands recht spät, 1977 mit der kleinen Gruppe *Coming Out*. 1979 wurde die HOSI (Homosexuelle Initiative) gegründet, beide entstanden in Wien.

__ Die Schweizer Schwulen und Lesben hielten sich, was ihre jüngere Geschichte betrifft, weitestgehend an Deutschland, andere westeuropäische Länder und die USA. Anfang der 80er wurde AIDS ein Thema der Schwulenbewegung, und damit Homosexualität sehr öffentlich diskutiert.

__ Seit 1990 kann man in Homosexuellen-Cafés auch draußen sitzen. Heute sitzen wir Lesben und Schwule da draußen und fühlen uns nahezu wohl und sicher. Uns kommt es so vor, als hätte man so offen und beglückt schon seit der Antike hier gesessen, und neuerdings kommt es uns auch so vor, als hätten viele Schwule noch nie etwas von AIDS gehört oder davon, dass man in vielen Ländern als Homosexueller nach wie vor alles andere als offen und beglückt irgendwo sitzen darf.

Chronik der Homosexuellenverfolgung

1919 BIS 1933

In der Weimarer Republik erstarkt die bereits im Kaiserreich gegründete Bürgerrechtsbewegung der Schwulen und Lesben. 1929 empfiehlt der Rechtsausschuss des Reichstages eine Aufhebung der Strafbarkeit homosexueller Handlungen unter Erwachsenen. Die Stimmengewinne der Nazis und die Krise der Weimarer Republik verhindern eine Umsetzung dieses Beschlusses.

30. JANUAR 1933

Machtantritt der Nationalsozialisten

23. FEBRUAR 1933

Der Preußische Innenminister ordnet an, die Gaststätten zu schließen, »die den Kreisen, die der widernatürlichen Unzucht huldigen, als Verkehrslokale dienen«.

FEBRUAR/MÄRZ 1933

Die ersten homosexuellen Männer werden in Konzentrationslager eingewiesen. Die Nationalsozialisten verbieten die Organisationen der Schwulen und Lesben oder zwingen sie zur Selbstauflösung. Zeitschriften und Bücher werden verboten, Verlage geschlossen.

6. MAI 1933

Das von Magnus Hirschfeld gegründete Institut für Sexualwissenschaft in Berlin wird von NS-Studenten gestürmt und verwüstet. SA-Uniformierte transportieren auf Lastwagen die Institutsbibliothek ab. Am 10. Mai 1933 werden die Bücher auf dem Berliner Opernplatz zusammen mit den Werken »undeutscher« Schriftsteller wie Bert Brecht, Thomas und Heinrich Mann und Franz Kafka verbrannt.

24. OKTOBER 1934

Heinrich Himmler weist alle deutschen Polizeidienststellen an, eine »namentliche Liste sämtlicher Personen, die sich irgendwie homosexuell betätigt haben«, anzufertigen. Die Listen der erfassten Männer sollen beim Geheimen Staatspolizeiamt Berlin eingereicht werden. Dort wird Ende Oktober ein Sonderdezernat Homosexualität eingerichtet.

26. JUNI 1935

In einer Änderung des »Gesetzes zur Verhütung erbkranken Nachwuchses« wird auch die »kriminalpolitisch indizierte Kastration« homosexueller Männer ermöglicht. Um Strafhaft und KZ zu entgehen, sehen sich viele verurteilte Homosexuelle gezwungen, die »freiwillige« Kastration zu wählen. Ab 1942 werden in den Konzentrationslagern auch Zwangskastrationen »legalisiert«.

28. JUNI 1935

§ 175 des Reichsstrafgesetzbuches wird verschärft. Jede Form von »Unzucht« unter Männern wird unter drakonische Strafe gestellt. Damit wird eine totale Kriminalisierung männlicher Homosexualität verordnet. Die Verurteilungsziffern gehen steil nach oben. Insgesamt werden in der NS-Zeit etwa 50 000 Urteile wegen »Unzucht« unter Männern gefällt.

10. OKTOBER 1936

Heinrich Himmler richtet die Reichszentrale zur Bekämpfung der Homosexualität und der Abtreibung ein. Ihre Aufgaben sind die »zentrale Erfassung« und »wirksame Bekämpfung« der beiden »Volksseuchen«.

12. JULI 1940

Himmler ordnet an: Alle nach § 175 verurteilten Homosexuellen, »die mehr als einen Partner verführt haben«, sind »nach ihrer Entlassung aus dem Gefängnis in polizeiliche Vorbeugehaft zu nehmen«. Das heißt, sie werden in Konzentrationslager verschleppt. Wegen Homosexualität eingewiesene Männer müssen als Kennzeichen zumeist den »Rosa Winkel« (ähnlich dem Judenstern) tragen. Nur eine Minderheit überlebt den Terror der Lager. Rosa-Winkel-Häftlinge sind nachgewiesen in Auschwitz, Bergen-Belsen, Berlin/Columbiahaus, Buchenwald, Dachau, Emslandlager, Flossenbürg, Groß Rosen, Lichtenburg, Majdanek, Mauthausen, Mittelbau-Dora, Natzweiler, Neuengamme, Ravensbrück (Männer-Lager), Sachsenhausen und Stutthof.

15. NOVEMBER 1941

Im »Erlass des Führers zur Reinhaltung von SS und Polizei« ordnet Hitler die Todesstrafe für homosexuelle Betätigung durch Angehörige von SS und Polizei an.

19. MAI 1943

Der Chef des Oberkommandos der Wehrmacht, General Keitel, erlässt »Richtlinien für die Behandlung von Strafsachen wegen widernatürlicher Unzucht«. In »besonders schweren Fällen« soll die Todesstrafe verhängt werden.

1944

Der dänische SS-Arzt Carl Vaernet führt im Konzentrationslager Buchenwald medizinische Experimente an Homosexuellen durch. Mit der Implantation künstlicher Hormondrüsen in der Leistengegend will er Homosexualität »heilen«.

8. MAI 1945

Kriegsende. Befreiung der Konzentrationslager. Anders als andere Nazigesetze heben die Alliierten die Verschärfung des § 175 nicht auf. Befreite Homosexuelle werden mitunter zur Verbüßung ihrer Reststrafe in den normalen Vollzug überstellt. Der § 175 bleibt in der Bundesrepublik in der Nazifassung bis 1969 in Kraft. Die DDR kehrt 1950 zur »milderen« Vor-Nazi-Fassung zurück.

Homosexualität ...

29. JUNI 1956

Das Bundesentschädigungsgesetz für Opfer des Nationalsozialismus wird verkündet. Verfolgung aufgrund der Homosexualität wird nicht als typisches NS-Unrecht anerkannt.

10. MAI 1957

Das Bundesverfassungsgericht stuft den § 175 in der Fassung von 1935 als »ordnungsgemäß zustandegekommen« ein. Er sei nicht »in dem Maße nationalsozialistisch geprägtes Recht«, dass ihm »in einem freiheitlich demokratischen Staate die Geltung versagt werden müsse«. Die Verfassungsrichter urteilen: »Gleichgeschlechtliche Betätigung verstößt eindeutig gegen das Sittengesetz.«

1. SEPTEMBER 1969

In der Bundesrepublik tritt die erste Reform des § 175 StGB in Kraft. Homosexualität unter Erwachsenen wird straffrei. Endgültig aufgehoben wird der § 175 erst 1994.

1984

In Mauthausen wird erstmals in einer KZ-Gedenkstätte ein Gedenkstein zur Erinnerung an die Rosa-Winkel-Häftlinge aufgestellt. Es folgen Gedenksteine in Neuengamme, Dachau, Sachsenhausen.

1987

In Amsterdam entsteht das Homomonument, eine große Bodenskulptur, als nationales Denkmal gegen Unterdrückung und für die gesellschaftliche Anerkennung von Schwulen und Lesben.

1989

Am Berliner Nollendorfplatz erinnert erstmals ein Gedenkstein im öffentlichen Raum an die homosexuellen NS-Opfer aus Berlin. Weitere regionale Denkmale entstehen in Frankfurt am Main (1994) und Köln (1995).

QUELLE: WWW.LSVD.DE/GEDENK-ORT/CHRONIK.HTM

... im Tierreich: Das homosexuelle Dschungelbuch

Bruce Bagemihl veröffentlichte 1999 ein 750 Seiten starkes Buch unter dem Titel: *Biological Exuberance,* in dem er die Vielfalt der Homosexualität im Tierreich beschreibt und zudem einige provokante Thesen aufstellt, mit denen wir uns an dieser Stelle allerdings nicht beschäftigen wollen, da wir den Woher-Wozu-Homosexualität-Thesen ausführlich in einem anderen Kapitel Beachtung schenken.

__ Hier sollen Sie vielmehr einen Einblick/Eindruck der Möglichkeiten und der Durchführbarkeit homosexuellen Handelns und Lebens der schwulen und lesbischen Tiere bekommen, die sich mangels Händen doch so einiges einfallen lassen. So schieben beispielsweise Delphinweibchen ihre Flossen in den Genitalschlitz ihrer Partnerin, während manch männlicher Flussdelphin hingegen sein Geschlechtsorgan in das so genannte Blasloch seines Auserwählten steckt. Etwas subtiler gehen es die Giraffenmännchen an, die hingebungsvoll ihre langen Hälse umeinanderwickeln. Oder auch die Möwenmännchen, die, wie es auch Patrick Lindner und Michael Link versuchten, ein gemeinsames Nest bauen. Zwergschimpansen-Männchen nuckeln zuweilen am Penis eines anderen Männchens, Walrosse reiben ihre dicken Leiber aneinander, homosexuelle Fledermäuse hängen Bauch an Bauch und belecken sich gegenseitig und Böcke besteigen stumpfsinnig einen anderen Bock. Das Spektrum homosexueller Spielweisen reicht von gelegentlichen Seitensprüngen bis hin zu lebenslangen Bindungen, immerhin wurden bei 450 Arten, bei gerade mal etwa 2000 genauer untersuchten Spezies, homosexuelle Verhaltensweisen festgestellt. Zwar versuchen Verhaltensforscher noch immer, diese Tatsachen zu verleugnen, und behelfen sich dabei mit Erklärungen wie: Begrüßungsritual, Unterwerfungsgeste, Auswirkung der Gefangenschaft oder Aggressionsverhalten, doch fällt es ihnen zunehmend schwerer, wenn manchen Elefanten beim Begrüßungsritual eine stattliche Erektion wächst. In der Tat ist es so, dass etwa zehn Prozent der Böcke keinen Bock auf eine Frau haben, dass ein bis zwei Prozent der männlichen Straußenvögel prinzipiell und kategorisch einer Dame keine Beachtung schenken, dass schwule Schwäne durchaus aggressiv Eltern aus ihrem Nest vertreiben, um selbst in den Genuss einer Elternschaft zu kommen, dass Silbermöwinnen sich zwar für einen heterosexuellen Geschlechtsakt zur Verfügung stellen, es allerdings vorziehen die Brut mit ihrer Lebensgefährtin auszubrüten, dass Austernfischer einem Dreier am Strand nicht abgeneigt sind. Es gibt schwule Killerwale, lesbische Eichhörnchen, schwule Käfer, lesbische Löwinnen, schwule Hamster und lesbische Grizzlybärinnen. Irgendwo gibt es sicher sogar einen schwulen Flipper und auch eine lesbische Maja. Und wenn Sie ganz ehrlich zu sich und auch zu Ihren Kindern sind, dann müssen Sie zugeben, – soviel sollten Sie mit Hilfe dieses Buches bereits gelernt haben – dass Majas Freund Willi und auch Benjamin Blümchen nur schwul sein können.

__ Abschließend haben wir hier noch zwei Beispiele aus deutschen Zoos parat, die eine gewisse Popularität erlangt haben. Wenn wir etwas von den großen Zeitungsmachern dieser Welt gelernt haben, dann, dass Homestories ein Gefühl persönlicher Nähe und damit gegenseitiges Verständnis schaffen.

Das Homostorchenpaar aus Osnabrück
Holger und Edgar lebten 16 Jahre glücklich zusammen. Jedes Jahr bauten sie wie ihre Artgenossen gemeinsam ein Nest. Eines Tages schob man ihnen im Osnabrücker Zoo ein verlassenes Pinguin-Ei unter, das sie tatsächlich abwechselnd ausbrüteten. Ähnliches konnte auch in einem britischen Zoo bei einem rosafarbenen (!) Flamingopaar beobachtet werden, die bisher drei Flamingoküken großgezogen haben sollen.

__ Leider kam Holger auf tragische Weise ums Leben, er wurde von einem Fuchs gerissen. Edgar trauerte ein Jahr lang. Es heißt, der Zoo habe daraufhin einen neuen Storch gekauft, den Norbert, wobei man nicht weiß, ob der Name ausschlaggebend war, diesem neuen Storch eine latente Homosexualität zu unterstellen. Jedenfalls gelang es Edgar tatsächlich recht bald, Dank seiner Erfahrung, eine Beziehung zu Norbert aufzubauen. Seither bauen sie gemeinsam ein Nest.

Die Kölner Pinguine
Pinguine leben in festen Beziehungen. So besteht auch die Pinguinkolonie im Kölner Zoo beinahe ausschließlich aus Paaren. Mittelpunkt der pinguinischen Lebenspartnerschaften ist eine Höhle, in die sie sich zum Brüten zurückziehen. So gibt es nun unter den festen Partnerschaften in Köln (!) ein Männerpaar, das sich vor einigen Jahren zusammengefunden hat. Sie unterscheiden sich kaum von ihren Artgenossen, und so verteidigen auch sie ihre Höhle erfolgreich gegen jegliche Eindringlinge.

Der Mensch ist die einzige Spezies, die Homosexualität als etwas Abnormes betrachtet.
BRUCE BAGEMIHL

... in der Wissenschaft:
Hormone, Gene, Gehirnzellen – woran liegt's?

Woran liegt es, dass Sie blond und Linkshänder sind? Woran liegt es, dass Sie keinen Senf mögen? Und woran liegt es, dass Sie sich hin und wieder in den Falschen/die Falsche verlieben? Vor allem aber, was ist an dem Falschen falsch und an der Richtigen richtig? Es gibt so wahnsinnig viele Fragen, die uns im Laufe des Lebens beschäftigen. Die einen müssen, die anderen können, und manche wollen wir beantwortet wissen.

__ Nachdem Homosexualität von den Listen der Krankheiten gestrichen wurde, worauf sie mit kräftiger Unterstützung der Kirche gelangt war, wurden Forscher aktiv, um der Homosexualität auf die Schliche zu kommen. Fortan kam es zu immer neuen Theorien und immer neuen Widerlegungen dieser Theorien. Homosexualität entstehe durch Genitalspiele mit Geschwistern, Homosexualität entstehe, wenn sich Eltern ein Kind des anderen Geschlechtes gewünscht hätten und ihrem Kind daher das falsche Spielzeug geben – im Folgenden sollen die gängigsten Erklärungsversuche kurz erläutert und der Frage auf den Grund gegangen werden: Ist Homosexualität eine Verkettung unglücklicher Umstände?

DER TESTOSTERONSPIEGEL

Vorgeburtliche Hormonschwankungen könnten einen Einfluss auf die sexuelle Orientierung des Ungeborenen haben, das meint unter anderem der Berliner Professor Dörner, auch Ratten-Dörner genannt. Ratten-Dörner hatte schwangeren Ratten Stoffe injiziert, die die Bildung des männlichen Sexualhormons Testosteron hemmen. Nach der Geburt verhielten sich die männlichen Ratten auffällig weiblich. Professor Ratten-Dörner schlussfolgerte, dass ein Mangel an männlichen Geschlechtshormonen in einer vorgeburtlichen Phase zur Bildung eines weiblichen Gehirns bei Männern beiträgt. So also würde der homosexuelle Mann geboren. Ein Überschuss an Testosteron präge Frauen demnach eher männlich. Allein diese Erkenntnis reichte dem Forscher nicht, er fügte hinzu, dass man doch nach Adam Riese schwangeren

Frauen Mittel geben könnte, die der möglichen Homosexualität ihrer zukünftigen Söhne vorbeugt. Dieser Zusatz hinterlässt den Eindruck, dass Ratten-Dörner auf die Ausrottung von Homosexualität erpicht zu sein scheint. Auch wenn seine Ergebnisse so oder so zweifelhaft sind, da nach der Hormontheorie Mehrlingsgeburten zu 100 % die gleiche sexuelle Orientierung aufweisen müssten, da sie den gleichen Bedingungen im Mutterleib ausgesetzt sind, wurde Herrn Professor Dörner vor ein paar Jahren das Bundesverdienstkreuz für seine Forscherdienste verliehen.

__ Einen weiteren Beweis für die Hormontheorie sehen Forscher in einer Studie aus San Fransisco. Es ließ sich ein Zusammenhang zwischen Fingerlänge und sexueller Orientierung bei Frauen feststellen. Bei Lesben käme es wohl häufiger vor, dass der rechte Zeigefinger kürzer ist als der rechte Ringfinger. Da die Länge der Finger während der Schwangerschaft von männlichen Hormonen der Mutter beeinflusst wird, könnte es durch einen erhöhten Anteil zu einem männlichen Fingerverhältnis und somit auch zu einer Neigung zu Frauen kommen.

__ Östrogenmangel oder -überschuss während der Schwangerschaft gilt in der hormonellen Ursachenforschung für Homosexualität ebenfalls als bewiesen. Ebenso stehen Stresshormone im Verdacht, Auslöser von Homosexualität zu sein.

DAS GAY-N

Seit geraumer Zeit sind auch die Gen-Forscher der Homosexualität auf der Spur. Sie haben sich bereits in diversen und seriösen Zeitungen zu Wort gemeldet. Inzwischen haben eine Vielzahl von Studien bewiesen, dass wir nicht das einzige homosexuelle Geschwisterpaar sind. Im Gegenteil – es scheint eine erbliche Komponente bezüglich Homosexualität zu geben. Für diese Studien hat man des Öfteren eineiige Zwillinge zur Rate gezogen. Zu 50 % stimmt die sexuelle Orientierung bei ihnen überein. Ist ein Zwilling homosexuell, ist der andere das zu 50 % auch. Bei zweieiigen Zwillingen beträgt die Wahrscheinlichkeit 15 %. Da die Übereinstimmung bei eineiigen Zwillingen nicht bei 100 % liegt, kann man wahrscheinlich davon ausgehen, dass das Homo-Gen nicht alleiniger Faktor sein kann. Andererseits liegt der prozentuale Wert von Homosexualität in der Bevölkerung durchschnittlich zwischen 5 % (offiziell) und 10 % (inoffiziell). Demnach könnte der überdurchschnittliche Wert der Zwillingsuntersuchungen doch zumindest auf eine Beteiligung der Gene deuten. Tatsächlich tritt Homosexualität in einigen Familien viel häufiger auf als in anderen.

__ Viele Homosexuelle wehren sich gegen die Gen-Vorstellung, weil sie befürchten, dass die Genforscher auf die gleiche Idee kommen wie Ratten-Dörner, und Homosexualität in Zukunft vorbeugen möchen.

DIE VERFÜHRUNGSTHEORIE

Sehr hartnäckig hält sich die *Verführungstheorie,* die besagt, dass ein heterosexueller Junge von einem älteren schwulen Mann zu einem sexuellen Kontakt verführt und daraufhin homosexuell wird. Doch wussten viele Homosexuelle, wenn sie an ihre Kindheit zurückdenken, schon vor ihren ersten sexuellen Kontakten, dass sie schwul oder lesbisch sind. Außerdem haben/hatten einige homosexuelle Menschen auch Beziehungen zum anderen Geschlecht – ohne dadurch zur Heterosexualität *verführt* worden zu sein. Demnach ist diese Theorie nicht ganz wasserdicht.

DAS GAY-HIRN

Anscheinend lassen sich strukturelle Unterschiede im Gehirn von Hetero- und Homosexuellen ausmachen. Per Computertomographie wurde bereits festgestellt, dass die rechten und linken Gehirnhälften bei Schwulen anders verteilt sind als bei heterosexuellen Männern. Der Grundaufbau des Menschen ist weiblich, das bedeutet, dass wir zu Anfang alle Mädchen sind. Wissenschaftler haben festgestellt, dass das Gehirn ca. zwei Monate nach der Geburt ähnlich einem Computer programmiert wird. Hierbei kann es *passieren,* dass das Gehirn eines zukünftigen Jungen in einem für das Sexualverhalten zuständigen Gebiet weiblich programmiert wird, bzw. das Gehirn eines Mädchens (zu) männlich. Oder dass das Gebiet im Gehirn eines Jungen nicht männlich genug programmiert wird. Die Programmierung soll wiederum durch den Hormonhaushalt der Mutter bestimmt werden.
__ Der Anteil der Jungs, die weibliche Gehirne haben, schätzt man auf 15–20%. Ungefähr 10% aller Mädchen haben ein maskulinisiertes Gehirn. Viele von ihnen, aber nicht alle, werden im Erwachsenenalter homosexuell.
__ Schwedische Forscher haben herausgefunden, dass der Duft von Männern (Pheromone) bei Schwulen dieselben für das Sexualverhalten ursächlichen Hirnareale wie bei heterosexuellen Frauen aktiviert. Lesbische Frauen reagieren auf Sexuallockstoffe zwar auch anders als Heteras, aber das Gehirn weist dennoch nicht genau dieselben Reaktionen auf wie bei heterosexuellen Männern.
__ Die Forscher vermuten daher einen Zusammenhang zwischen der sexuellen Orientierung und der Gehirnfunktion und glauben obendrein, dass männliche und weibliche Homosexualität sehr unterschiedlich strukturiert sind.

DIE BI-THEORIE PLUS ENTSCHEIDUNG

Verfechter dieser Theorie gehen davon aus, dass es weder Hetero- noch Homosexualität als solche gibt. In der Anlage, heißt es, wären alle Menschen bisexuell, die kulturellen Einflüsse würden entscheiden, ob die Homo- oder die Heteroseite zum Ausbruch käme, bzw. gelebt würde. Man entscheidet sich also mehr oder weniger freiwillig oder unfreiwillig, aber wir kommen alle nach dem Motto *Ein bisschen bi schadet nie* auf die Welt. Wenn das wahr ist, die Chance also fifty-fifty steht, dann muss man vielleicht sagen, Glück gehabt, dass sich nicht die gesamte Menschheit für die Homosexualität entschieden hat, und das gemeine Volk noch nicht ausgestorben ist. Außerdem hätten sich dann der Einfachheit halber wohl etliche Homosexuelle anders *entschieden*.

DIE BI-THEORIE PLUS PRÄGUNG

Sigmund Freud erklärte, dass Sexualität nicht Natur, sondern Kultur ist; erworben, nicht angeboren, und oft das Resultat früher Prägungen, oder aber langwieriger Lernprozesse, die die Homosexualität begünstigen oder sich entwickeln lassen.

__ Unter diesem Deckmantel der Freudschen Theorie wird oft und gerne den Eltern die *Schuld* an der Homosexualität ihrer Kinder gegeben. Es heißt, Mütter wären zu dominant, Väter zu schwach, die Erziehung zu puritanisch, zu kritisch, zu desinteressiert, distanziert, abweisend, herablassend, zu stark, zu gefühlig, zu sexuell, zu bemuttern, zu bestrafend, zu liebevoll und und und. Es wird sich schon ein *Fehler* in der Erziehung finden. Homosexuelle haben entweder eine schlechte Beziehung zu ihren Eltern, besonders Schwule zu ihren Vätern, oder aber sie haben einen außergewöhnlichen guten Draht zu ihrer Familie, besonders Schwule zu ihren Vätern – egal, wie der Hase läuft, aber die Erziehung ist schuld.

ÄLTERE BRÜDER

Auch was die sexuelle Ausrichtung anbelangt, könnten die älteren Brüder wieder eine Mitschuld daran tragen, dass die jüngeren Brüder nur Flausen im Kopf haben. Tatsächlich haben viele Schwule ältere Brüder.

__ Eine ziemlich gut dokumentierte Theorie besagt, dass die Wahrscheinlichkeit für Männer, schwul zu sein, mit jedem älteren Bruder um 33 % zunimmt, statistisch gesehen, versteht sich. *Dennoch bedeutet dies keineswegs, dass ein Mann mit zehn älteren Brüdern zwangsläufig homosexuell ist. Es ist nur ein statistischer Zusammenhang und nur ein Baustein unter sehr vielen,* gibt Hartmut Bosinski, Professor für Sexualmedizin an der Universität Kiel, im Gespräch mit ddp zu bedenken. Der Grund für das Bruderphänomen könnte in einer Immunreaktion der Mutter auf das ungeborene Baby liegen. Eine solche Reaktion konnte nämlich auf das männliche Y-Chromosom nachgewiesen werden. Sie nimmt mit jedem weiteren Jungen im Bauch zu. Bei lesbischen Frauen konnte ein Zusammenhang mit vielen älteren Schwestern hingegen nicht ausgemacht werden.

__ Es ist aber auch nicht leicht für die Biologen, Hirnforscher, Genforscher, Psychologen usw., denn Homosexualität kommt in allen gesellschaftlichen Schichten, allen Kulturkreisen, unter allen Nationen, in allen Religionen, seit Menschengedenken und sogar im Tierreich vor. Da bleibt ein gewisser niederländischer Arzt mit seiner Theorie: *Homosexualität begründet sich durch ein zu stark ausgeprägtes Selbstmitleid,* schnell auf der Strecke, wenn dann die homosexuellen Käfer übereinander herfallen. So wie diesem Arzt geht es vielen Forschern. Ihre Theorien zerplatzen wie Seifenblasen, wenn die homosexuellen Tiere oder eineiigen Zwillinge sich nicht plangemäß verhalten. Womöglich greifen angeborene und erworbene Faktoren ineinander und machen uns zu melancholischen, fröhlichen, dicken, dünnen, depressiven, notorisch lügenden, helfersyndrombehafteten, genialen, phlegmatischen, heterosexuellen und/oder stark schwitzenden Menschen. Kurz: Der Mensch ist vielfältig. Ob und inwiefern diese Vielfältigkeit in allen Bereichen durch Forschergeist eine Berechtigung braucht, sei dahin gestellt. Eine Verkettung unglücklicher Umstände ist Homosexualität nicht, eher eine ganz natürliche Erscheinung. Vielleicht könnte man sich darauf einigen.

Homosexualität ...

... in der Politik: »Stadtluft macht frei«

Vielleicht fragen Sie sich in Anbetracht dieses Kapitels: *Was macht eigentlich Michaela Lindner?* Michaela Lindner (geborene Norbert), die 1995 im schönen Örtchen Quellendorf mit 60 % der Stimmen zum Bürgermeister gewählt wurde, trat 1998 als Schnauzbärtiger im Kleid vor den Gemeinderat, um mitzuteilen, dass sie von nun an als Frau leben werde, woraufhin die Bewohner des kleinen aber feinen Dorfes in Sachsen-Anhalt ihren Bürgermeister zum Teufel jagten, genauer gesagt nach Berlin-Kreuzberg. Dort saß Michaela Lindner anschließend zwei Jahre für die PDS in der Bezirksverordnetensammlung, besuchte etliche Talkshows, schrieb ein Buch und zog sich aus der Politik zurück. Sie ward von nun an als Kellnerin im *Blauen Engel* (Berlin-Schöneberg) gesehen. Kürzlich überbrachte mir jemand die frohe Kunde, Michaela Lindner hätte geheiratet. Das nur nebenbei, für die, die sich an Michaela erinnern. Was hat sich seither getan?

__ *Stadtluft macht frei,* behauptet ein alter Spruch, und man kann sagen, zumindest in einigen Ländern, zumindest im homosexuell-politischen Sinne – ja, so scheint's. Da haben wir es in europäischen Großstädten zum Beispiel mit geouteten Bürgermeistern zu tun, dem Klaus »Wowi« Wowereit (Berlin) und Monsieur Bertrand Delanoë à Paris. Die Schweiz versucht mitzuhalten, hat sie derzeit doch einen schwulen Nationalpräsidenten, der zudem ein EU-Bürger ist und bis zu seinem 8. Lebensjahr nur einen polnischen Pass besaß, und Österreich hat immerhin seine mutige Ulrike Lunacek, Grüne Abgeordnete zum Nationalrat und offen lesbisch. Das ist ja auch schon was.
__ Wurde General Günter Kießling 1983 noch gefeuert, weil er unter den Verdacht geriet, homosexuell und damit erpressbar zu sein, hat die Homosexualität in der Politik doch zumindest einen Funken ihres Schreckens verloren, von gesellschaftsfähig kann man allerdings noch nicht reden. Selbstbewusst behaupten schwule Politiker mittlerweile sogar, es wäre gut so, dass sie schwul sind – so geschehen 2001 in Berlin (38 Jahre nach dem legendären Satz von Kennedy: Ich bin ein Berliner.) Es geht sogar noch selbstbewusster, befand Hamburgs Bürgermeister Ole von Beust, und feuerte 2003 keck den Innensenator Schill, als der ihn doch tatsächlich erpressen wollte und behauptete, von Beust hätte seinen angeblichen Lebensgefährten, Justizsenator Roger Kusch, in den Senat geholt. Ausgelöst durch die unschöne Angelegenheit, die sich 2003 zwischen Schill und Ole von Beust in Hamburg zugetragen hatte, gaben »Stern« und RTL eine Umfrage zur Wahlentscheidung in Auftrag. Dabei wurden 1005 Bundesbürger gefragt, ob die sexuelle Orientierung eines Politikers ihre Wahlentscheidung beeinflussen würde. 26 % der über 60-jährigen würden keinen homosexuellen Politiker wählen, allerdings nur 3 % der 30- bis 44-jährigen und 4 % der 45- bis 59-jährigen ließen sich durch die sexuelle Gesinnung eines Politikers abschrecken. Auch wenn einige Bürger homosexuelle Politiker aus Prinzip nicht wählen würden, so haben sich doch, sollte der Bundestag ein Spiegelbild der Gesellschaft sein, schätzungsweise 70 homosexuelle Abgeordnete in den deutschen Bundestag geschlichen.
__ Auch der FDP Chef Westerwelle soll in diesem Zuge natürlich nicht ungenannt bleiben, wo er sich doch soviel Mühe bei der Inszenierung

seines kleinen Coming Outs gab. Günstig für ihn, direkt ins Sommerloch hinein, fiel das Datum von Frau Merkels Geburtstagsparty. Herr Westerwelle schnappte sich seinen Lebensgefährten, nachdem er sich einige Zeit zuvor für das Magazin der *SZ* im mannschen Stil – weißer Anzug, Hut, Venedig – ablichten lassen hatte, schnappte sich also seinen Lebensgefährten (die Bildzcitung: *Und wie ein Leibwächter sah der junge Mann mit Michael-Schumacher-Kinn, leicht gewelltem dunklen Haar und modischem Nadelstreifen-Anzug nicht aus.*) und drängte sich mit ihm gleich neben Edmund Stoiber in die erste Reihe.

__ Natürlich bewegen sich die Politiker in einem Umfeld, in dem jeder möglichst politisch korrekt erscheinen will. Mangelnde Toleranz ist sicher nicht ihr Hauptproblem, vielmehr haben schwule und lesbische PolitikerInnen mit der Seriosität zu kämpfen. Geben sie einen Kommentar zu irgendeinem Thema ab, unterstellt man ihnen ein Alibi, redet er oder auch sie über die Homo-Ehe, heißt es: *Klar, der (oder auch die)!* Schnell werden sie zum »Schwulenpolitiker« gemacht.

__ Selbstverständlich gibt es auch andere knifflige Situationen, die mit einem homosexuellen Politiker schwerer zu meistern sind, wohlweislich werden hier und da homosexuelle KandidatenInnen – gerne von der CDU – wegen ihrer Neigung auch mal nicht aufgestellt. Wie soll ein schwuler Außenminister beispielsweise dem Iran oder Saudi-Arabien einen rundum gelungenen Besuch abstatten?

__ An dieser Stelle eine kleine Anekdote: Es gab einst eine Dame, die ihren Dienst in der Sozialdemokratischen Partei Deutschlands (kurz: SPD) tat. Glücklich und zufrieden lebte sie 20 Jahre mit ihrem Lebensgefährten zusammen, allerdings in wilder Ehe! Kurz vor der Kandidatur hielt sie es nicht mehr aus und heiratete ihn, nicht weil er nach 20 Jahren unwiderstehlich geworden war oder sie sich nach 20 Jahren endlich sicher mit ihm fühlte oder er nach 20 Jahren endlich seine immerwährende Affäre in den Wind schoss, oder, oder, oder – nein, weil sie sich in irgendeiner wundersamen Weise dazu verpflichtet sah.
__ Fragen bleiben: Wie politisch ist das Private? Wird Alice Schwarzer verheiratet oder unverheiratet kandidieren? Gibt es in Österreich überhaupt schwule Politiker? Steht Frau Merkel nicht vielleicht doch auch »unter Verdacht«? Stirbt Guido Westerwelle eines Tages einen tragischen Tod in Venedig?

Schwul sein ist nicht nur hipp hipp hurra. SABINE FREUDENBERG

Wirklich normal ist es in Deutschland erst dann, wenn ein Bundesminister, ein Wirtschaftskapitän oder der Leiter einer großen Behörde sich outet und es danach kein Rascheln im Blätterwald mehr gibt. VOLKER BECK, DIE GRÜNEN

Politik kann nicht alles, aber viel. Wir müssen immer wieder darauf hinweisen, dass Toleranz und Demokratie Schwestern sind.
KLAUS WOWEREIT, BÜRGERMEISTER VON BERLIN

In Amerika wendet sich die Politik sogar gegen die eigene Tochter. Schließlich ist Dick Cheneys Tochter lesbisch.
RALF BURGHAUSEN, PARTEILOS

... in der modernen Werbe-, Funk- und Mattscheiben-Gesellschaft

Schwulsein ist chic. Zumindest in einigen Bereichen der modernen Gesellschaft. Zur modernen Frau von heute gehört ein schwuler bester Freund, so wie zu einer aufmüpfigen Göre die lesbische Barbie gehört. Langsam aber sicher hat sich in den letzten Jahren die schwullesbische community unters Volk gemischt, hier und da einen Trend verursacht, hier und da Witz und Glamour verbreitet, hier und da Stil an den Mann gebracht.

HOMOS AUF MATTSCHEIBE UND LEINWAND

In den Neunzigern kam kaum eine Ilona Christen oder Arabella Kiesbauer ohne einen homosexuellen Talkgast aus (gerne zum Thema: *Mein Opa ist eine Tunte,* oder: *Warum sind Lesben bloß immer so hässlich?*). Inzwischen dürfen die Homos in keiner Lindenstraße, keinem Marienhof, keinem Frauenknast und in keinen Guten und Schlechten Zeiten fehlen. (Erinnert sich noch jemand an Saskia und Harumi?) Seitdem Pro7 *Queer as Folk* und *The L-Word* ins deutsche Fernsehen holte, gibt es sogar Serien, in denen Homosexuelle nicht die Ausnahme, sondern die Regel sind. *Queer as Folk* handelt von einer Gruppe schwuler Akteure, die sich durch die Nacht vögelt, in *The L-Word* trifft eine Meute chicer Lesben, und solcher, die es werden wollen, aufeinander, die um das lesbische Samenspenderproblem herum auch Tag und Nacht vögelt, allerdings im echt lesbischen Stil und nicht wie die lesbischen Schulmädchen, Cousinen etc. von damals.

__ Diese homosexuelle Offenheit ist relativ neu. Noch vor einigen Jahren wurde die Soap *Ellen* abgesetzt, nachdem Ellen sich privat und ihre Serienfigur outete und es auf dem Fernsehbildschirm zu einem Kuss zwischen zwei Frauen kam. Beim Kuss bleibt es heutzutage in *Queer as Folk* und *The L-Word* seltenst, nahezu nie.

__ Kaum eine erfolgreiche Serie scheint mittlerweile noch von Heteros geschrieben zu werden. All die Knaller – sei es: *Sex and the City, Six Feet Under* oder *Desperate Housewives* – stammen aus einer schwulen Feder. Und auch auf der Leinwand vermögen inzwischen ein paar mehr homosexuelle ProtagonistInnen, das heterosexuelle Herz zu rühren – *Capote, Brokeback Mountain, The Hours, Raus aus Åmål, Better than Chocolate, Agnes und seine Brüder* und die Almodóvar-Filme funktionierten mit/trotz/wegen homosexuellen Charakteren beim heterosexuellen Publikum. Zwar gab es auch schon vor ein paar Jahren und auch auf der Kinoleinwand zum Beispiel *Grüne Tomaten* und *Philadelphia*, aber nie wurde in der Heterofilmwelt so offen mit homosexuellen Charakteren umgegangen wie in den letzten Jahren. Während früher Shirley MacLaine an der Seite von Audrey Hepburn in *Infam* noch aus Scham über ihre homosexuellen Gefühle Selbstmord beging und Romy Schneider in Uniform verrückt wurde, dürfen Lesben inzwischen auch ein Happy End haben, mal abgesehen von Charlize Theron, dem *Monster*. Früher waren die Lesben immer Monster; die Schwulen immer die Lachnummern. Uns jedenfalls gefallen diese Kinoabende, bei denen wir nicht die ganze Zeit mit Transformation beschäftigt sind.

__ Auch eine gute Unterhaltungsshow versucht mit den üblichen Verdächtigen, mehr oder weniger, vor allem weniger erfolgreich, eine gute Unterhaltungsshow zu werden. Morgenstern, Bach, Hermanns, Uecker, von Sinnen, hin und wieder darf auch der Nachwuchs No-Angel Lucy mal ran. Man kann sich auf die vertrauten Homogesichter verlassen, auf die vertrauten Witze auch. Bei den Unterhaltungshomos weiß man als Hetero was man hat.

__ In der Realität sieht es jedoch noch immer anders aus. Schwule und lesbische SchauspielerInnen, ModeratorInnen und NachrichtensprecherInnen gibt es zahlreich, outen tut sich kaum jemand. *In Echt* wollen die heterosexuellen Fernsehbosse und ZuschauerInnen lieber doch keine Homos. An Biolek und Co hat man sich gewöhnt, und das muss erst mal reichen. Man tut sich schwer, einem schwulen Schauspieler die Liebesszene mit einer Frau abzukaufen. Und wie soll man einer lesbischen Moderatorin glauben, dass sie sich geschminkt nicht wie ein Clown vorkommt?

Nicht der Homosexuelle ist pervers, sondern die Situation, in der er lebt. FILMTITEL VON ROSA VON PRAUNHEIM

HOMOS IM MUSIKBIZZ

Spätestens seit den Achtzigern gibt es sie: die Schwulenikonen: u. a. Madonna, Klaus Nomi, Annie Lennox, Kylie Minogue, George Michael, Boy George, Jimmy Sommerville, Pet Shop Boys oder Freddie Mercury + Schlagerstars (wie wir alle wissen). Und es gibt die musikalischen Lesbenikonen: Tracy Chapman, K. D. Lang, Melissa Etheridge, Gianna Nannini, Rainbirds – Katharina Franck + Hip Hopper (wie wir uns alle vorstellen können).

__ MusikerInnen können in der Regel schwul oder lesbisch sein, zumindest die echten. Die gemachten Popsternchen müssen fankompatibel sein und sind im Zweifel allerhöchstens bisexuell, auch wenn es niemand tuntigeren oder lesbischeren auf der ganzen weiten Welt gibt, als so'ne Boygroupschönheit oder so'n fesches bayrisches Cow-Mädel, das dem Bohlen Contra gibt.

__ Das erwachsene Publikum der erwachsenen Tracy Chapmans und Elton Johns lässt sich nicht in sexuelle Orientierungen aufteilen, hier helfen sich Homo und Hetero mit Feuerzeugen aus, wenn es schunklerisch wird. Und das ist auch gut so.

__ Es geht sogar so weit, dass die Heterowelt anfängt, sich die musikalische schwule Subkultur unter den Nagel zu reißen; so geschehen mit Rosenstolz, deren Erfolg jahrelang auf die Szene begrenzt blieb und nun plötzlich massentauglich geworden ist.

__ Darüber hinaus gibt es eine Reihe Musiker, die mit dem Schwulenimage spielen – warum, das ist schwer zu beantworten. Vielleicht ist es doch irgendwie cool, schwul zu sein? Jedenfalls, wenn man es eigentlich gar nicht ist?

HOMOS ON THE CATWALK

Na klar sind alle Männer auf dem Catwalk schwul, alle Männer neben dem Catwalk schwul und alle Männer hinter dem Catwalk schwul. Und diese schwulen Männer machen peu à peu auch die Heteromänner schwul (und die Heterofrauen noch schöner), ohne dass sie es merken. Schwuppdiwupp trägt der Heteromann rosa Hemden, gelt sich die Haare und rasiert sich die Achselhaare. Aber auch hier gilt: Auf dem Catwalk dürfen alle schwul sein, wie sie wollen, da sollen sie sogar, schließlich sind überhaupt nur die Schwulen vertrauenswürdig, was Mode betrifft, aber privat sollen sie vielleicht eher lieber nicht. Und wenn es doch unbedingt sein muss, dann darf man eine Schwuchtel auch nach dem Tod zu einem kleinen Perversling degradieren, der aus Geiz von einem Stricher erwürgt wurde. Dann darf sein Sofa in der Boulevardpresse abgebildet sein mit dem Vermerk: *Hier hat er immer masturbiert!* Dann darf all das Mitleid seinem Hündchen gelten. Gott habe es selig.

HOMOS IN DER WERBUNG

Inzwischen hat man die Zielgruppe als Zielgruppe erkannt; die kaufkräftigen dinks (double income – no kids). Irgendwer hat als erstes gecheckt, dass in einem Haushalt mit doppelten Männereinkommen und ohne Kinder eine Menge Kohle zu holen ist, dass in einem doppelten Männerhaushalt doppelt so viele Pflegeprodukte und Markenklamotten gebraucht und vor allem auch gekauft werden, und dass wenige kinderlose Lesben ohne die neuesten technischen Errungenschaften auskommen. Firmen und Unternehmen werben offensiv um ihre homosexuelle Käuferschaft, und sei es nur, um einen Kaugummi an die lesbische Frau zu bringen oder das Verwöhnaroma an den schwulen Mann.

__ Es gibt mittlerweile Versicherungen, Handy-Provider, Reisen, Reiseführer, Verlage, Geschäfte, Anwälte, Musiclabel, und und und, die speziell auf unsere homosexuellen Bedürfnisse ausgerichtet sind.

__ Es gibt sogar richtig große Firmen, die da mitmachen, wie zum Beispiel Volkswagen, in dessen Werbespot ein homosexuelles Pärchen auftaucht. VW will nicht zwangsläufig die Homos ansprechen, von denen sowieso schon genug einen Polo fahren, vielmehr geht es hier um ein weltoffenes Image, das man zum Ausdruck bringen will. Die Frage ist, ob ein schwules Pärchen bei VW überhaupt noch gebraucht wird, schließlich haben die Vergnügungsreisen der Vorstände genug Weltoffenheit demonstriert.

Denn immerhin: Ein Homosexueller hat die Frisur von Angela Merkel gerettet. BZ

Es müssen noch viele L-Word-Folgen ins Land gehen, bis wir als Trendsetter fungieren. AUS EINEM LESBISCHEN FORUM

Die Homos nehmen Einzug in die Heterowelt und die Heterowelt nimmt homosexuelles Role-confusing gerne an, um ihren Rollenvorgaben zu entkommen. Die Heteros werden immer moderner.
DIRK CARLEBERG

... mit Kind und Kegel:
Regenbogenfamilien im Gayby-Boom

Homosexuelle mit Kind und Kegel nennt man Regenbogenfamilien. Ein Regenbogen, so steht es in einem Lexikon geschrieben, ist *ein Phänomen der atmosphärischen Optik.*

__ Wie viele Homosexuelle mit Kind in Deutschland leben, das kann nur vermutet werden. So schätzt man, dass jede dritte Lesbe und jeder fünfte Schwule Kinder haben. *Die armen Homos,* rufen viele kinderlose Homos, denn ein Kind, das entstammt zumeist heterosexuellem Sex und schon bei dem Gedanken daran wird einigen kinderwunschlosen Homos übel. Die Vorurteile und Sorgen der kinderlosen Homos kön-

Homosexualität ...

nen die Heteros nicht teilen – sie rufen: *Die armen Kinder,* die in der Schule ständigen Hänseleien ausgesetzt sein müssen, die armen Söhne, die schwul werden, die armen Töchter, die zu männlich werden, die armen Kinder, denen ein Elternteil fehlt, die die Leerstelle in ihrem Leben später mit Alkohol ersetzen werden, die Kinder, die ständige Trennungen ihrer Eltern durchleiden müssen, weil homosexuelle Beziehungen doch nur von kurzer Dauer sind. So die heterosexuellen Gedankengänge, die Sorgen, die sich teilweise ganz einfach lösen ließen, indem die Heteros zum Beispiel ihre Kinder zu mehr Toleranz erziehen würden, dann blieben Hänseleien wegen eines schwulen Papas in der Schule schon mal aus. Aber so einfach ist es ja nicht. So oder so nicht, denn Kinder können grausam sein. Denen fällt auch was anderes ein; sollten sie einen schwulen Papa ihrer Klassenkameraden ganz normal finden, dann sind die Auserwählten eben zu dick, bebrillt, zu pickelig, zu trödelig oder tragen komische Klamotten.

__ Die Frage ist, ob Kinder mit homosexuellen Eltern wirklich leiden und *komisch* werden. Nein, sagen diverse psychosoziale Studien, Ärzte und Psychologen u. a. aus den USA, Großbritannien, Belgien und Holland, die diesen Kindern eine *gelungene psychosexuelle, soziale und emotionale Entwicklung* und den homosexuellen Eltern eine *adäquate Erziehungsfähigkeit* attestieren. Kinder schwuler und lesbischer Eltern sind im Schnitt genauso intelligent und emotional ausgeglichen wie ihre Altersgenossen, die mit heterosexuellen Müttern und/oder Vätern aufgewachsen sind.

__ Anders dagegen, weniger erfreulich, fallen ähnliche Studien mit drogensüchtigen, sozial schwachen oder gewalttätigen Eltern, ganz gleich welcher sexuellen Orientierung, aus. Soll nicht heißen, dass dies zwangsläufig die Alternative zu den Homoeltern ist, soll nur zeigen, dass die Alternative zu Homoeltern auch so aussehen kann. Natürlich ist es für Kinder und Heranwachsende nicht der einfachste Weg, in einer Familie aufzuwachsen, die aus dem Rahmen fällt, aber zum einen haben darunter nicht nur Kinder mit homosexuellen Eltern zu leiden, und zum anderen sind oftmals diese Kinder aus naheliegenden Gründen zur Toleranz erzogen, schlagfertig, stark und klug genug, sich verbal zu wehren.

__ Es gibt verschiedene Modelle einer Regenbogenfamilie, so wie es auch unter den Heterosexuellen jenseits der *klassischen Variante* verschiedene Familienmodelle gibt – von allein erziehenden heterosexuellen Müttern mit ständig wechselnden Partnern über das Aufwachsen bei einer heterosexuellen Großmutter bis hin zu einem heterosexuellen Vater, der mit drei heterosexuellen Kumpeln in einer WG lebt. Bei den Homos kann es so aussehen, dass ein Kind mit zwei Frauen, zwei Männern und acht Großeltern aufwächst, oder nur mit zwei Frauen oder nur mit zwei Männern, oder mit einer lesbischen Mutter und ihrem schwulen Freund, der der leibliche Vater sein kann, aber nicht sein muss. Immer wieder hört man: Aber ein Kind hat ein Recht auf eine Mutter und einen Vater, das heißt, wir Homos hören diesen Satz immer wieder, wenn wir einen Kinderwunsch äußern, die Alleinerziehenden bekommen das weniger zu hören. Es ist meistens ein Trugschluss, dass Kindern mit homosexuellen Eltern eine männliche oder weibliche Bezugsperson fehlt. Ein lesbischer oder schwuler Freundeskreis beinhaltet Menschen beider Geschlechter.

__ Die traditionelle Rollenverteilung gibt es in Regenbogenfamilien nicht, deshalb werden Sie im Normalfall auch nicht erleben, dass ein Kind eine seiner lesbischen Mütter mit *Papa* anspricht. Auch das ist ein merkwürdiges heterosexuelles Vorurteil.

__ Kinder werden von ihren homosexuellen Eltern weder zum Schwulsein verführt, noch zu humorlosen Emanzen erzogen. Sie werden genauso geliebt und unterstützt wie alle Kinder, die von ihren Eltern geliebt und unterstützt werden. Für Kinder, die mit homosexuellen Eltern aufwachsen, ist die Familiensituation ganz normal. Das bedeutet nicht, dass alles Friede, Freude, Eierkuchen ist. Mit ihren Schwierigkeiten, persönlichen Themen und täglichen Problemen muss jede Familie zurechtkommen.

__ Da es für homosexuelle Paare nicht ganz so leicht ist, ein Kind zu bekommen, können sich die allermeisten Kinder schwuler Väter und lesbischer Mütter mit dem Wunschkindstatus rühmen. Das ist doch auch was wert.

__ Das Argument bzw. die Diskriminierung, dass die Ehe und damit verbundene (finanzielle) Vorteile heterosexuellen Paaren vorbehalten bleiben muss, da sie Kinder in die Welt setzen, ist hinfällig. Ebenso das Argument bzw. die Diskriminierung, dass Homosexuelle nicht homosexuell sein dürfen, weil sie keine Kinder in die Welt setzen können, denn erstens, wie wir nun wissen, können sie es sehr wohl, und zweitens ist Keine-Kinder-Kriegen-Können/Keine-Kinder-Kriegen-Wollen kein alleiniges Schwulenphänomen. Mit diesen Fragen sind etliche Heteros (allein oder zu zweit) auch beschäftigt.

... in der Bibel: **Keiner hat sich selbst gemacht**

Das Buch der Bücher, die Bibel, muss nicht selten herhalten, wenn es darum geht, dem Homosexuellen zu beweisen, dass es Gründe dafür gibt, ihn zu verurteilen, sie muss aber auch herhalten, wenn die Homos ihre Daseinsberechtigung rechtfertigen wollen oder müssen. Das klingt paradox, doch im Grunde ist es ganz einfach: Man muss nur gründlich lesen, dann lässt sich für jede Meinung der passende Vers finden.
__ Werfen wir einen Blick auf Gen. 19. Hier wird ein Vorfall geschildert, dem das Wort *Sodomie* abgeleitet ist. *Gott sieht alles,* und so erfährt er natürlich auch von den Sünden der Städte Sodom und Gomorrha. Er schickt zwei Boten zur Erde hinab, die sich in menschlicher Gestalt auf Lots Gastfreundschaft einlassen. In der Nacht versammeln sich die Bewohner Sodoms vor Lots Haus und wollen seine Gäste *erkennen*. In diesem Wort steckt der Teufel, denn in 1. Mose 19,5 und Richter 19,22 bedeutet es *kennen lernen,* hingegen ist es in 1. Mose 19,8 und Richter 19,25 mit *Geschlechtsverkehr haben* belegt. Wollen die Bewohner Sodoms ihre Gäste also kennen lernen oder wollen sie mit ihnen Sex haben, bzw. sie gar vergewaltigen? Man weiß es nicht genau. Es existiert jedoch die Meinung, Lot habe als Ausländer seine Kompetenzen überschritten, weil er Fremden (den Engeln) seine Gastfreundschaft angeboten hat. Die Bewohner Sodoms hätten sich geärgert und über-

reagiert, aber sie wären keinesfalls in der Absicht gekommen, die Fremden (die geschlechtslosen Engel) zu vergewaltigen, sie hätten sie eben nur kennen lernen wollen. Allerdings erscheint seltsam, dass der Gastgeber Lot auf Drängen nach einem gewöhnlichen Kennenlernen vor lauter Schreck seine beiden jungfräulichen Töchter als Ersatz anbot. Bleibt die Frage, ob es in der Geschichte von Sodom um das Gastrecht, um die Homosexualität oder um all die anderen Sünden wie Heuchelei, Ehebruch, Habgier und Hochmut geht? Gott indes fackelte nicht lange und brannte Sodom nieder, nur Lot (wir erinnern uns – der seine Töchter hergeben wollte) und seine Angehörigen überlebten.

__ Nach Ansicht einer extremen protestantischen Gruppe aus Amerika war New Orleans das neuerliche Sodom. Die Anhänger der Gruppe geben Homosexuellen die Schuld am Hurrikan Katrina. Gott habe New Orleans zerstört, so glauben sie, denn der CSD sei bekannt dafür, das New Orleanser French Quarter mit betrunkenen Homosexuellen zu füllen, die Sex in der Öffentlichkeit haben.

__ Oder spiegelt diese Bibelstelle Gottes Einstellung zur Homosexualität wider? *Es fragt sich, ob es nicht … ein Sakrileg ist, aus einem gütigen Gott, den Jesus Christus gepredigt hat, einen buchhalterischen, sexfixierten, grämlichen Rächer zu machen.* Der Knackpunkt liegt jedoch nicht nur im (Miss)Verständnis einzelner Worte, sondern auch im ganzen Kontext. Was meinte Ruth, als sie zu Naomi sagte: *Wo du hingehst, da will ich auch hingehen, wo du bleibst, da bleibe ich auch. Dein Volk ist mein Volk und dein Gott ist mein Gott. Wo du stirbst, da sterbe ich auch, da will ich auch begraben werden.* (Ruth 1,16f.)

__ Und was hat das hier zu bedeuten? *Und Jonathan ließ nun auch David schwören bei seiner Liebe zu ihm, denn er hatte ihn so lieb wie sein eigenes Herz.* (1.Sam 20,17) Beim Abschied warf David *sich auf sein Angesicht zur Erde und beugte sich dreimal nieder und sie küßten einander und weinten miteinander.* (1.Sam 20,41).

__ Nachdem Jonathan im Kampf gefallen ist, hält David Totenklage über seinem Freund und klagt: *Es ist mir leid um dich, mein Bruder Jonathan, ich habe große Freude und Wonne an dir gehabt, deine Liebe ist mir wundersamer gewesen, als Frauenliebe ist.* (2.Sam 1,26)

__ Werden hier homosexuelle Liebschaften beschrieben oder hatte Freundschaft damals noch einen anderen Wert und durfte man sich gar, frei von christlichen Vorurteilen, küssen und lieb haben, ohne sich gleich den Vorwurf der Homosexualität gefallen lassen zu müssen, was Verfolgung, Verächtung, Bestrafung zur Folge gehabt hätte? Hier scheinen die Argumente gegen die Homosexualität wasserdicht zu sein:

LEV 18,22

Du sollst nicht bei einem Mann liegen, wie bei einer Frau, es ist ein Greuel.

LEV 20,13

Wenn jemand bei einem Mann liegt wie bei einer Frau, so haben sie getan, was ein Greuel ist und sollen beide des Todes sterben. Blutschuld lastet auf ihnen.

Der Trick ist, die ganze Bibel zu zerpflücken und alles aus seinen Zusammenhängen zu reißen: Dann wird man finden, was man finden will. Möchten Sie lieber mit Hilfe des Neuen Testamentes argumentieren, können Sie sich fast nur auf Paulus berufen, denn Jesus scheint es mehr um die wichtigeren Dinge des Lebens – Stolz, Habgier, Egoismus – zu gehen, die es anzuprangern gilt. Paulus dagegen äußerte sich zwar explizit und mit unverkennbarer Abneigung zur Homosexualität, doch muss man bei seinen Äußerungen bedenken, dass er selbst zölibatär lebte, und ohnehin jegliche sexuelle Vereinigungen außerhalb der Ehe ablehnte.
__ Also was jetzt? Liebe deinen Nächsten? Oder liebe deinen nächsten Heterosexuellen? Man kann als Homosexueller schon ins Schleudern geraten, wenn man die Bibel zur Hand nimmt und ein guter Christ sein will. Für jeden guten Homo-Christen gilt jedoch auch:

Du bist ein wunderbares Geschöpf   PSALM 139,14

Du bist nicht verloren   LUKAS 15

Du bist zur Freiheit berufen   GALATER, 5,1

Die christliche Kirche hat sich in der Vergangenheit an der allgemeinen Diskriminierung homosexueller Menschen beteiligt und dabei Schuld auf sich geladen.

__ Die Kirchen tun sich heute noch schwer, dieser Tatsache ins Gesicht zu blicken, doch kann man guter Hoffnung sein, denn zum einen steht seit 1993 im Katechismus der Katholischen Kirche über Homosexualität (2358): *Eine nicht geringe Anzahl von Männern und Frauen sind homosexuell veranlagt. Sie haben diese Veranlagung nicht selbst gewählt; ... Man hüte sich, sie in irgendeiner Weise ungerecht zurückzusetzen ...*, und zum anderen hat sich die katholische Kirche schließlich nach 500 Jahren auch bei Galileo Galilei entschuldigt, den sie seinerzeit auf dem Scheiterhaufen verbrannt hatte, weil er sich gegen die Meinung wehrte, die Welt sei eine Scheibe und das Zentrum des Universums, um das sich alles dreht.

ZUM WEITERDENKEN

Laura Schlessinger ist eine achtsame Christin und US-Radio-Moderatorin (Dr. Laura), die Menschen, die in ihrer Radio-Theraphie-Show anrufen, wohlgemeinte Ratschläge erteilt. So erklärte sie einmal, dass Homosexualität unter keinen Umständen befürwortet werden könne, da sie nach Levitikus 18:22 (3. Buch Mose) ein Greuel wäre. Im Internet machte daraufhin ein offener Brief die Runde:

Liebe Dr. Laura,

Vielen Dank, dass Sie sich so aufopfernd bemühen, den Menschen die Gesetze Gottes näher zu bringen. Ich habe einiges durch Ihre Sendung gelernt und versuche das Wissen mit so vielen anderen wie nur möglich zu teilen. Wenn etwa jemand versucht seinen homosexuellen Lebenswandel zu verteidigen, erinnere ich ihn einfach an das Buch Moses 3, Levitikus 18:22, wo klargestellt wird, dass es sich dabei um ein Greuel handelt. Ende der Debatte. Ich benötige allerdings ein paar Ratschläge von Ihnen im Hinblick auf einige der speziellen Gesetze und wie sie zu befolgen sind:

1. Wenn ich am Altar einen Stier als Brandopfer darbiete, weiß ich, dass dies für den Herrn einen lieblichen Geruch erzeugt (Lev. 1:9). Das Problem sind meine Nachbarn. Sie behaupten, der Geruch sei nicht lieblich für sie. Soll ich sie niederstrecken?

2. Ich würde gerne meine Tochter in die Sklaverei verkaufen, wie es in Exodus 21:7 erlaubt wird. Was wäre Ihrer Meinung nach heutzutage ein angemessener Preis für sie?

3. Ich weiß, dass ich mit keiner Frau in Kontakt treten darf, wenn sie sich im Zustand ihrer menstrualen Unreinheit befindet (Lev. 15:19-24). Das Problem ist: Wie kann ich das wissen? Ich habe versucht zu fragen, aber die meisten Frauen reagieren darauf pikiert.

4. Lev. 25:44 stellt fest, dass ich Sklaven besitzen darf, sowohl männliche als auch weibliche, wenn ich sie von benachbarten Nationen erwerbe. Einer meiner Freunde meint, das würde auf Mexikaner zutreffen, aber nicht auf Kanadier. Können Sie das klären? Warum darf ich keine Kanadier besitzen?

5. Ich habe einen Nachbarn, der stets am Samstag arbeitet. Exodus 35:2 stellt deutlich fest, dass er getötet werden muss. Allerdings: Bin ich moralisch verpflichtet ihn eigenhändig zu töten?

6. Ein Freund von mir meint, obwohl das Essen von Schalentieren, wie Muscheln oder Hummer, ein Greuel darstellt (Lev. 11:10), sei es ein geringeres Greuel als Homosexualität. Ich stimme dem nicht zu. Könnten Sie das klarstellen?

7. In Lev. 21:20 wird dargelegt, dass ich mich dem Altar Gottes nicht nähern darf, wenn meine Augen von einer Krankheit befallen sind. Ich muss zugeben, dass ich Lesebrillen trage. Muss meine Sehkraft perfekt sein oder gibt es hier ein wenig Spielraum?

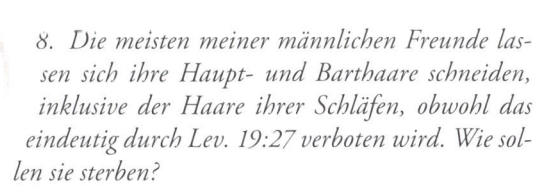

8. Die meisten meiner männlichen Freunde lassen sich ihre Haupt- und Barthaare schneiden, inklusive der Haare ihrer Schläfen, obwohl das eindeutig durch Lev. 19:27 verboten wird. Wie sollen sie sterben?

9. Ich weiß aus Lev. 11:16-8, dass das Berühren der Haut eines toten Schweines mich unrein macht. Darf ich aber dennoch Fußball spielen, wenn ich dabei Handschuhe anziehe?

10. Mein Onkel hat einen Bauernhof. Er verstößt gegen Lev. 19:19, weil er zwei verschiedene Saaten auf ein und demselben Feld anpflanzt. Darüber hinaus trägt seine Frau Kleider, die aus zwei verschiedenen Stoffen gemacht sind (Baumwolle/Polyester). Er flucht und lästert außerdem recht oft. Ist es wirklich notwendig, dass wir den ganzen Aufwand betreiben, das komplette Dorf zusammenzuholen, um sie zu steinigen (Lev. 24:10-16)? Genügt es nicht, wenn wir sie in einer kleinen familiären Zeremonie verbrennen, wie man es ja auch mit Leuten macht, die mit ihren Schwiegermüttern schlafen? (Lev. 20:14)

Ich weiß, dass Sie sich mit diesen Dingen ausführlich beschäftigt haben, daher bin ich auch zuversichtlich, dass Sie uns behilflich sein können. Und vielen Dank nochmals dafür, dass Sie uns daran erinnern, dass Gottes Wort ewig und unabänderlich ist.

Ihr ergebener Jünger und bewundernder Fan Jake

... in anderen Ländern: Über'n Tellerrand geschaut

Die Welt ist groß, jeder Mensch ist anders und die Homosexualität mittendrin – inmitten verschiedenster Kulturen, Religionen, Sprachen und Gesellschaften. Daher verblüfft es kaum, dass sich jedes Land die Frei- und Frechheit herausnimmt, mit seinen homosexuellen Bürgern seinen ganz eigenen Umgang zu pflegen, dafür ungeschriebene und geschriebene Regeln und Gesetze erlässt, und somit seine Liberalität, Brutalität, Fortschrittlichkeit oder auch Konservativität zur Schau stellt.

__ Es gibt Länder der ersten Schritte (Dänemark führte als erstes Land der Welt die *Homo-Ehe* ein; die Republik Südafrika untersagte in ihrer Verfassung als erstes Land der Welt die Diskriminierung gleichgeschlechtlicher Lebensweisen), und es gibt Länder, die überhaupt noch gar nicht losgegangen sind (u. a. Iran, Jemen, Mauretanien, Saudi-Arabien, Afghanistan, Sudan, die Vereinigten Arabischen Emirate verhängen noch die Todesstrafe). Die meisten Länder sind aber unterwegs ...

JAPAN

Bei den Samurai galt ein emotionales und sexuelles Bündnis zwischen einem älteren Krieger und einem jungen Lehrling als völlig normal. Worte für diese Liebe hatten die Samurai dafür so viele wie die Eskimos für Schnee, ob zum Beispiel Bi-do (der schöne Weg) oder Shudo (die Sitte der Jungen).

__ Im japanischen Fernsehen sieht man offen schwule Tunten, in fetzigen Outfits, mit schrillen Stimmen. In Mangas ist Homosexualität ein gängiges Thema und in Tokio findet sich ein gut besuchtes Schwulenviertel. Die japanische Sexualmoral ist sehr offen, das liegt allerdings weniger an der japanischen Liberalität, als vielmehr daran, dass die Privatsphäre nicht zur Diskussion steht.

__ Schwule gelten in Japan zwar als kawaii (putzig), aber so kawaiisch ist Homosexualität in Japan trotzdem nicht. Auch wenn Homosexualität an mancher Stelle (unter Künstlern und Ausländern) nahezu einen Kultstatus genießt, leben Schwule und Lesben im Alltag ihr schwules Leben eher und lieber im Verborgenen, getreu dem Motto: Was du nicht weißt, macht dich nicht heiß.

__ Die japanische Gesellschaft trennt zwischen homosexuellem Sex an sich und der sexuellen Orientierung. Homosexueller Sex wird in Japan genauso toleriert wie heterosexueller Sex, ein gleichgeschlechtliches Miteinanderleben ist hingegen ein Tabuthema, soziale Gleichstellung mit Heterosexuellen unmöglich. So ist die Vergabe von günstigen Stadtwohnungen in Osaka an ein gleichgeschlechtliches Paar beispielsweise untersagt. Gegen solche Diskriminierungen können homosexuelle JapanerInnen keine rechtlichen Schritte einfordern.

__ Immerhin ist Homosexualität unter Männern straffrei, unter Frauen kein öffentlicher Diskussionsgegenstand.

INDIEN

Indische Lesben haben es in Indien schwer, schwerer als Schwule, da Indien sehr patriarchalisch strukturiert ist. So muss das Mädchen den Weisungen des Vaters folgen, heiraten, und dem von den Eltern ausgesuchten Ehemann unterstehen. Außerhalb einer Familie kann eine Frau in Indien kaum überleben. *Eine Frau ohne Ehemann ist wie gekochter Reis: geschmacklos, unappetitlich und nutzlos,* so ein indisches Sprichwort.

CHINA

Konfuzius sagte, dass eine Kultur Kinder produzieren können und wollen muss. In China leben Schätzungen zur Folge etwa 40 Millionen *Genossen,* so nennt man Homosexuelle dort. Eine beeindruckende Zahl, mit der China sich hervortut. 40 Millionen Chinesen und Chinesinnen, die zwischen einem fortschreitenden Liberalisierungsprozess und den gesellschaftlichen Konventionen versuchen, möglichst in Ruhe ihre Liebe zu lieben. Leicht wird ihnen das in China nicht gemacht.

__ Das Thema AIDS fehlt selten, wenn man in China über Homosexualität redet, weil die internationalen Organisationen China mit starken finanziellen Mitteln zur AIDS-Bekämpfung unterstützen und dieses Geld für die Regierung sehr wichtig ist.

MESOPOTAMIEN & CO

Früher war alles besser. Früher genoss Homosexualität im alten Ägypten, Mesopotamien und Syrien hohes Ansehen. Sexualität jeglicher Art galt als etwas Göttliches. Sie besaß kultischen Charakter. Auch im alten Persien und Griechenland war Homosexualität einst weit verbreitet und anerkannt.

> *Das Verhältnis einer Gesellschaft zu seinen Minderheiten ist ein wichtiges Kriterium für ihre Reife.* RUMIANA BOZHKOVA

DDR

Ab 1968 durften Homosexuelle mit dem 18. Geburtstag straffrei homosexuell sein. Sich organisieren und Zeitschriften mit ihren ganz speziellen Interessen veröffentlichen durften sie bis 1973 jedoch nicht. Daher fanden sie sich in privaten Räumen zusammen oder trafen anonym auf öffentlichen Toiletten und in Parks aufeinander. In den Großstädten eröffneten *verdächtige* Bars, die jedoch mit der Zeit wieder geschlossen werden mussten. 1973 brachte Rosa von Praunheim seinen Film *Nicht der Homosexuelle ist pervers, sondern die Situation, in der er lebt* unter's Volk, der auch in weiten Teilen der DDR empfangbar war. Dieser Film ermutigte Schwule und Lesben zur Gründung einer Interessengemeinschaft, die *Homosexuelle Interessengemeinschaft Berlin*. Sie forderten die Anerkennung in der sozialistischen Gesellschaft. Allerdings blieb ihr Kampf weitestgehend vergebliche Liebesmüh. Als dann noch das Organisieren von Homosexuellen untersagt blieb, um sexuell unschlüssige Jugendliche nicht vom rechten Weg abzubringen, löste sich die Homosexuelle Interessengemeinschaft Berlin 1979 wieder auf.

ISLAMISCHE LÄNDER

In 57 Ländern ist Sex unter Männern ausdrücklich verboten, darunter finden sich 22 islamische Länder. Homosexualität ist in islamischen Ländern mitunter ein Absurdum. Eine homosexuelle Identität in dem Sinne existiert dort nicht, sie ist eine westliche *Erfindung*, Sex unter gleichgeschlechtlichen Menschen gibt es sehr wohl. Man muss auch hier zwischen den einzelnen Ländern unterscheiden, da der Islam in den Ländern unterschiedlich gelebt wird. Drei Beispiele:

IRAN

Nach Artikel 110 des iranischen StGB ist für den Sexualverkehr zwischen zwei Männern Hinrichtung vorgesehen. Beischlafähnliche homosexuelle Handlungen werden mit 100 Peitschenhieben geahndet. Wird ein solches Vergehen allerdings viermal publik, erfolgt die Hinrichtung. Leidenschaftliche Küsse zwischen Männern werden laut Artikel 124 mit 60 Peitschenhieben bestraft. *Lesbische Handlungen durch Genitalien* werden nach Artikel 127 mit 100 Peitschenhieben vergolten. Aber auch hier gilt eine Schonfrist, bei der vierten Verurteilung wegen eines lesbischen Vergehens wird die Hinrichtung verhängt. Homosexuelle Handlungen gelten nach iranischem Gesetz dann als bewiesen, wenn zum Beispiel zwei männliche Zeugen oder ein männlicher und vier weibliche Zeugen (die dann zu viert einem männlichen Zeugen entsprechen!) beobachtet und zu Protokoll gegeben haben. Nach Aussage der lesbisch-schwulen Organisation Al-Fatiha sind im Iran seit 1979 etwa 4000

Schwule hingerichtet worden. Einer Hinrichtung sind manche Homosexuelle durch einen Trick entkommen, indem sie nämlich behauptet haben, im falschen Körper zu sein. Innerhalb eines Jahres muss das Geschlecht durch eine Operation umgewandelt werden, im Zuge dessen wird das Todesurteil aufgehoben. Man könnte vermuten, einige der Umoperierten haben sich dann selber einen Strick genommen.

VEREINIGTE ARABISCHE EMIRATE

Kürzlich wurde eine Hormonbehandlung für Homosexuelle angeordnet, die bei einer Feier festgenommen worden waren. Man werde den Männern wahrscheinlich Testosteron injizieren, sagte ein Polizeisprecher einer Nachrichtenagentur. Die Ausländer unter den festgenommenen sollten abgeschoben werden.

TÜRKEI

Eine Bestrafung von homosexuellen Handlungen ist durch das Gesetz nicht mehr vorgesehen, seitdem die Türkei in die EU möchte. Das heißt natürlich nicht, dass man als Homosexueller in der Türkei frei und friedlich leben darf. Ein Schwuler oder eine Lesbe würden Schande über die ganze Familie bringen. Das türkische (Schimpf-) Wort für schwul lautet *Ibne* und bedeutet soviel wie Söhnlein. Kein ganzer Kerl zu sein, ist einer der schlimmsten Vorwürfe, den man einem Türken machen kann. Schwulsein gilt in weiten Teilen des Landes noch immer als Krankheit. Über Schwule wird sich lustig gemacht. Und das ausgerechnet dort, wo Sex unter Männern sehr häufig stattfindet. Man hört Jugendliche posaunen, sie hätten *einen mächtigen Mann gefickt*. Falsch daran ist in der Türkei, dass der mächtige Mann eigentlich den Jungen penetrieren müsste. Ein türkischer Mann, der beim Sex mit seinesgleichen den aktiven Part übernimmt, ist eine coole Sau, der Passive hingegen ist eine arme Sau, eine ganz arme Sau,

Homosexualität ...

die von nun an geächtet wird. Sex unter Türken hat nicht viel mit einer homosexuellen Identität, wie wir sie kennen, gemein. Es geht vielmehr darum, Druck abzulassen, Macht zu demonstrieren und Sex vor der Ehe zu haben.

MUSLIME IN DEUTSCHLAND
Baden-Württemberg fragt ausländische Muslime, ob sie Schwule akzeptieren. Bei der falschen Antwort gibt es keinen Pass.

SKANDINAVIEN
Die Skandinavier haben eine starke Vorbildfunktion. Sie machen oftmals den ersten Schritt, wenn es darum geht, Homosexuelle weniger zu diskriminieren, sie mit gleichen Rechten und Pflichten auszustatten. Die skandinavischen Länder stehen am Anfang der Liste *Fortschrittlich*.

ÖSTERREICH

Klein aber oho, denken sich einige Homosexuelle, wenn das Gespräch auf Österreich fällt. Schließlich wurde in Österreich Sex zwischen Männern noch bis 1971 mit Gefängnis bestraft. Als homosexuelle Handlungen zwischen Erwachsenen in Österreich 1971 straffrei wurden, wurden prompt vier neue Strafrechtsparagrafen geschaffen, die Homosexuelle weiterhin diskriminierten. Drei dieser Bestimmungen wurden im Laufe der Zeit aufgehoben, die letzte wurde erst 2002 abgeschafft, nachdem die Regierung mehrfach aufgefordert worden war, das Gesetz aufzuheben. Im Juni 2002 hat dann der Verfassungsgerichtshof das Gesetz wegen Verfassungswidrigkeit aufgehoben und im Januar 2003 wurde Österreich wegen Verletzung von Menschenrechten vom Europäischen Gerichtshof für Menschenrechte in Straßburg verurteilt.

Von Gleichstellung sind die österreichischen Schwulen und Lesben noch sehr weit entfernt. Während sich ringsrum die Homos vermählen und Kinder adoptieren dürfen, dürfen die ÖsterreicherInnen nur traurig zusehen.

OSTBLOCK

Nicht alle europäischen Länder sind mit ausreichend Toleranz und Liberalität gesegnet. So werden Homosexuelle in Polen noch auf offener Straße erschossen, und Rumänien muss sich erst daran gewöhnen, dass Homos plötzlich nicht mehr verhaftet werden dürfen. Die meisten osteuropäischen Länder scheinen von homophoben Politikern besetzt, die dem Druck der Verhandlungen um den EU-Beitritt nur widerwillig nachgegeben und ihre diskriminierenden Gesetze zähneknirschend geändert oder abgeschafft haben. Doch ein Land unter ihnen hört nicht auf, den intoleranten Nachbarn Widerstand zu leisten. Tschechiens Premierminister setzte als *erstes ehemaliges Ostblockland* die *Homo-Ehe* durch. Chapeau!

USA

Ein weites Feld. Hier findet sich alles. Es kommt sehr darauf an, wo man sich als Schwuler oder Lesbe in den USA befindet. In zahlreichen US-Bundesstaaten ist Anal- und Oralverkehr verboten. Man kann für homosexuelle Handlungen verhaftet werden, von christlichen Fundamentalisten bedroht, aber man kann auch Teil der größten Gaypartys und Gaycommunity sein und so selbstverständlich und freizügig seine Homosexualität leben wie sonst nirgends auf der Welt. San Francisco gilt weltweit als DAS schwullesbische Mekka.

__ Der homosexuelle Popstar Rufus Wainwright sagte über die Amerikaner: Sie haben mehr Angst vor uns (Homosexuellen), als vor den Terroristen.

Top Ten Fragen eines Heteros

Hassen alle Lesben Männer?

Nein, nicht alle Lesben hassen Männer. Abgesehen davon, dass einigen Lesben Männer schnurzegal sind, was wahrscheinlich schlimmer ist als der blanke Hass, muss man schon sagen, dass sehr viele Lesben, wie alle Mädchen, ihren Papi lieben und gern wären wie er. Es gibt zahlreiche unter ihnen, die nur in Männern eine echte Konkurrenz im Autozusammenschrauben oder Kickboxen finden. Lesben sehen in ihren männlichen Freunden den idealen Gesprächspartner, und dabei handelt es sich nicht ausschließlich um Fußball.

__ Männer dienen einigen Lesben als Orientierung, nicht nur im Sport, vor allem auch, was das Balzverhalten betrifft. Durch Männer wird den lesbischen Frauen sehr deutlich vor Augen geführt, wie sagenhaft viel man beim Abschleppen einer Frau falsch machen kann, mit was für einer Treffsicherheit man die falschen Worte wählen kann, zur ziemlich falschesten Zeit, am allerfalschesten Ort.

__ Wenn es Lesben gibt, die ein Problem mit Männern haben, dann vielleicht höchstens auf diese liebenswürdige Art, dass sie ihre eigenen Fehler bei Männern am schlechtesten ertragen, dann doch nur, weil sie Männern so ähnlich sind, dann doch nur, weil sie Männer bewundern, vergöttern, heterosexuelle Männer anbeten. Es liegt also nicht an an den Männern, es ist nichts Persönliches, es ist vielmehr eine Vorstellung, ein Komplex, ein Freund, der Männern dieses ungute Gefühl, Lesben würden sie hassen, ins Ohr flüstert. Nur weil lesbische Frauen nicht mit Männern ins Bett gehen wollen, brauchen Männer nicht wie kleine traurige Jungen zu denken, die ganze Welt ist gegen sie, Mutti ist böse. Lesben – und jetzt halten Sie sich fest – sind nicht lesbisch, weil sie Männer hassen. Ohne einen Mann, und das ist ihnen durchaus klar, wären sie gar nicht auf der Welt, und wären demnach auch keine Lesben. In dieser Hinsicht tragen Männer tatsächlich eine nicht geringe Mitschuld an der Existenz einer kleinen, süßen Lesbe oder eines stattlichen Mannsweibes.

__ Allerdings muss man auch erwähnen, dass es durchaus Lesben gibt, die Männer nicht sonderlich mögen, weil Männer ihnen verbal oder körperlich auf ziemlich unschöne Weise verständlich machen, dass Frauen, die Frauen dem männlichen Geschlecht vorziehen, nicht ganz dicht sein können, oder weil sich manche Männer – gelinde gesagt – sehr unhöflich dem weiblichen Geschlecht gegenüber verhalten, dem Geschlecht, das die Lesbe an sich eben ausgesprochen gern hat und mit all ihren lesbischen Adern und Instinkten verteidigen möchte.

__ Aber die lieben Männer, die haben Lesben jedenfalls im Normalfall sehr lieb.

Kann man Homosexualität heilen?

Dies ist in der Tat eine *unheilvolle* Angelegenheit. Was haben sich in der Vergangenheit besorgte Menschen bemüht, um die Homosexualität *wegzumachen?* Chirurgen haben schwule Männer kastriert, ihnen noch in den 70er Jahren im Gehirn etwas herauszusondieren versucht, Psychologen haben hypnotisiert und verhaltenstherapiert, die Nazis haben die Homosexuellen mit Elektroschocks malträtiert, Mütter haben ihre Söhne zum Sex mit ihnen zitiert, um sie wieder richtig herum zu polen – ja, dachten sich womöglich diese Menschen, man hat schon Pferde vor der Apotheke kotzen sehen.
__ Nun sind allerdings diese Maßnahmen zur Heilung von Homosexualität allesamt grandios gescheitert. Mit Sicherheit behaupten einige

findige Psychoanalytiker das Gegenteil, doch es gibt keine ernst zu nehmenden Quellen, die das belegen können. Einen erfolgreich therapierten Homosexuellen, der sich fortan Hetero nennen darf, zu finden, gleicht der Suche nach der berühmten Nadel im Heuhaufen, nur dass uberhaupt keine Nadel im Heuhaufen steckt. Trotzdem gibt es auch heute noch äußerst ambitionierte Ärzte, Psychologen, Heilpraktiker, Mütter etc., die einem verzweifelten Homosexuellen Hilfe und Heilung versprechen. Es gibt auch noch Länder, in denen gar nichts versprochen wird, in denen wird stattdessen verhaftet und eine hormonelle Zwangsbehandlung an Homosexuellen vollzogen.

__ 1992 hat die Weltgesundheitsorganisation (WHO) die wissenschaftliche Erkenntnis durchgesetzt, dass sexuelle Orientierung keine Krankheit ist. Bei einem Anteil von etwa 10 % Homosexuellen an der Bevölkerung hätte sich sonst die Pharmaindustrie bei Aussicht auf die Möglichkeit einer *erfolgreichen Umpolung* wohl auch schon etwas mehr ins Zeug gelegt, um eine kleine rosafarbene Tablette zu erfinden, die einen Homosexuellen wieder gesund machen kann.

__ Ein Herr Dr. van den Aardweg hält in seinem Buch *Das Drama des gewöhnlichen Homosexuellen – Analyse und Therapie,* Homosexualität immer noch für eine neurotische Störung, die zu beheben ist. Er schreibt unter anderem (und vielleicht meint er damit unterbewusst doch seine heterosexuellen Patienten, die die Heilung von Homosexualität für möglich halten): *Von dieser Neurose geheilt zu werden, sei schwierig, aber möglich. (…) Man kann kaum aus eigener Kraft und allein von dieser* erworbenen *Sache befreit werden. Nur ganz wenigen Ausnahmen gelingt das. Um heil zu werden, brauche man einen für seine Person sympathischen Berater bzw. Therapeuten. (…) Und jeder Mensch habe wie Gefühle auch ein Gewissen. Das Gewissen sei nicht durch die Außenwelt programmiert. Die moralische Dimension im Menschen sei grundgelegt. Deshalb habe das Spirituelle eine große Heilkraft. Hier gälte es anzusetzen. Denn viele Betroffene nähmen Hilfe gerne an. Ziel jeder therapeutischen Bemühung müsse es sein, dem sich selbst bemitleidenden Patienten aus seinem egozentrischen infantilen Entwicklungszustand herauszuhelfen.*

Kommen Homos in den Himmel?

Ja, denn es gibt bereits sehr viele Homos im Himmel. Sie servieren Ihnen ein im Preis inbegriffenes Getränk oder verkaufen Ihnen etwas aus dem Dutyfreeshop.
__ Ein kleiner Junge erklärte uns kürzlich, dass Gott lange lockige Haare hat. Er sagte das mit einem so eindringlichen Blick, dass man an all die Kinder mit den übersinnlichen Kräften aus den Filmen denken musste, und ein leichtes Kribbeln in der Magengegend zu verstehen gab – dieser kleine Junge weiß, wovon er redet. Wenn Gott lange Locken hat, dann *muss* er sich Schwule in den Himmel holen. Locken können nur von ausgebildeten Tunten gebändigt und richtig in Szene gesetzt werden.
__ Und die Lesben? Will die auch irgendwer da oben haben? Die Antwort ist: ja! Ja, denn wenn Gott langes lockiges Haar hat, dann sieht er ja aus wie eine Frau. Und Gott will angehimmelt werden, also braucht es ein paar Lesben, am besten feministische Lesben, die glauben, Gott wäre eine Frau.
__ Stellt sich die Frage, warum sollten Heteros am Ende in den Himmel kommen? Wir werden den kleinen Jungen um Antwort bitten.

Trage ich als Elternteil die Verantwortung oder der schwule Kindergärtner?

Das ist so pauschal nicht zu beantworten. Einer wälzt die Verantwortung auf den andern ab. Wer ist heutzutage für die Kinder(erziehung) verantwortlich? Die Eltern, die Lehrer, der Superstar aus dem Fernsehen, der Haudegen aus dem Videospiel, der Plastikhund, der von allein an der Leine läuft? Einer muss es sein! Wir erinnern uns an die anfänglichen Bedenken von zwei Freunden mit homosexuellen Kindern:

BJÖRN
Fred, als Stefan dir sagte, er sei schwul, hattest du da sofort den Kindergärtner in Verdacht?

FRED
Natürlich. Stefan war ja erst 4½, als er das erste Mal einen Jungen mit nach Hause brachte.

BJÖRN
Hast du gleich durchschaut, was dahinter steckte? Oder musste Stefan dich erst aufklären?

FRED
Obwohl sie stundenlang händchenhaltend um den Mahagonitisch herumspazierten und davon sprachen, sich einen Dackel zu kaufen, fiel es mir erst wie Schuppen von den Augen, als Stefan sagte, er werde Ingo heiraten und er wisse sehr wohl, was das bedeute.

BJÖRN
Und du meinst, dass der Kindergärtner einen entschiedenen Einfluss auf die sexuelle Orientierung hatte?

FRED
Nein, nur zuerst, weil er Stefan diesen Floh ins Ohr gesetzt hatte.
BJÖRN
Welchen Floh?
FRED
Sag mal Klettergerüst.
BJÖRN
Klettergerüst.
FRED
Du hast einen nackten Mann geküsst!
BJÖRN
So?!
FRED
Mit diesem dämlichen Spruch hat der Kindergärtner alle Kinder verrückt gemacht, ganz gleich, ob Mädchen oder Junge. Und die probierten den Gag dann bei ihren Eltern. Wir Väter staunten nicht schlecht. Das könnte die Kinder doch beeinflusst haben, oder nicht?

ARIANE
Lotte, auch du denkst, im Kindergarten könnte der Grundstein für Lisas Homosexualität gelegt worden sein. Warum?
LOTTE
Guten Abend!
ARIANE
Guten Abend!
LOTTE
Ich denke da an einen großen Busen, der Lisa beeinflusst haben könnte.
ARIANE
Inwiefern?
LOTTE
Ich bin nicht sicher, aber die Brüste der einen Erzieherin müssen irgendwas damit zu tun haben. Lisa schmiegte sich so gern an diesen Busen und als die Dame plötzlich krank wurde und eine flach-

brüstige kam, fragte Lisa, ob sie denn auch einen Busen habe. Die neue Erzieherin nickte und Lisa erkundigte sich: Bringst du den morgen mal mit?

ARIANE
Das hat sie nicht gesagt.
LOTTE
Doch.

Lässt sich aus diesen Erfahrungen der Eltern eine allgemeingültige Formel ableiten? Hätte eine Busenpsychose bei Lisa vermieden werden können, wenn man sie nicht in den Kindergarten gesteckt hätte? Wäre Stefan nie auf diese verrückte Idee gekommen, einen nackten Mann zu küssen, wenn man ihm im Kindergarten diesen Floh nicht ins Ohr gesetzt hätte? Eltern dürfen sich diese Fragen stellen, und vielleicht fällt ihnen dabei das Lied wieder ein, in dem die Antwort steckt: *Schuld war nur der Bossa Nova, was kann ich dafür.*

Können gleichgeschlechtliche Paare Kinder kriegen?

Irgendwie schon! Gleichgeschlechtliche Pilze zum Beispiel können miteinander Nachwuchs zeugen (konnte am Hefepilz Cryptococcus neoformans beobachtet werden), indem zwei gleichgeschlechtliche Zellen miteinander verschmelzen, eine Tochterzelle bilden und Forscher diesen Vorgang als sexuelle Fortpflanzung deklarieren, weil er Merkmale einer solchen aufweist: Es kommt zur Verbindung zweier Zellen mit Austausch von genetischem Material, anschließender Reifeteilung (dank Biologieunterricht kommt uns auf der Stelle das Wort Meiose wieder in den Sinn) und der Ausbildung von Sporen. Außerdem bedarf die Fortpflanzung von gleichgeschlechtlichen Zellen der gleichen Hormone und Gene wie die Vermehrung von heterosexuellen Zellen. Auch Steinbeißer (Kategorie: Fisch) bringen so etwas wie gleichgeschlechtliche Fortpflanzung zu Stande, indem sie nämlich in der Lage sind, sich selbst zu klonen. Bekannt ist das Klonen aber auch bei anderen Tierarten, wie Insekten, Milben oder auch einigen Eidechsen aus dem Kaukasus.

__ Wunder der Natur dieser Art bleiben den Homosexuellen bislang noch vorenthalten, aber sie haben andere Möglichkeiten, gemeinsam ein Kind zu bekommen – durch Adoption oder Pflegschaft zum Beispiel. Es heißt: *Wer nicht verheiratet ist, kann ein Kind nur allein annehmen.* Da Homosexuelle nicht nur homosexuell sind, sondern im Allgemeinen auch Einzelpersonen, haben sie also theoretisch die Möglichkeit, ein Kind zu adoptieren. Da für die gesamte Bundesrepublik allerdings gilt, dass auf 3000 Adoptionen rund 24 000 Bewerberpaare kommen, stehen die Chancen für Homosexuelle eher schlecht, genau genommen sehr schlecht, da Kinder lieber in heterosexuelle Ehen gegeben werden. Eine Adoption im In- oder Ausland ist dennoch theoretisch möglich. Der Volksmusikstar Patrick Linder und sein ehemaliger Lebensgefährte haben diese Möglichkeit unter den Augen der Öffentlichkeit erfolgreich wahrgenommen. Durch die eingetragene Lebenspartnerschaft ist es für Homosexuelle mittlerweile endlich möglich das mit in die *Ehe* gebrachte Stiefkind zu adoptieren. Stiefkinder und leibliche Kinder wiederum ergeben sich etwa wie folgt:

__ Entweder haben die Homosexuellen vorher in heterosexuellen Partnerschaften gelebt, bei der unter den normalen Umständen einer Partnerschaft auch Kinder entstanden sind, oder die Kinder entstammen einer Diskonacht, in der der heterosexuelle Part des Unterfangens bewusst ausgetrickst wurde, oder befreundete Lesben und Schwule zeugen miteinander Kinder, oder Lesben lassen sich künstlich befruchten. Eine künstliche Befruchtung, bei der aufbereitete Spermien in die Gebärmutter gespritzt werden, ist in Deutschland zwar nur verheirateten Paaren vorbehalten, aber Dänemark, wo es für lesbische und allein stehende Frauen erlaubt ist, ist ja nicht allzu weit weg. Außerdem, sagen sich viele Lesben, kann das ja nicht so schwer sein, und machen es sich mit Hilfe von Samenspende(r)n selber, versuchen es jedenfalls, und manchmal klappt's auch ohne Aufbereitung und begleitender Hormontherapie.

__ Wenn der Hetero einen Augenblick darüber nachdenkt, dann wird ihm schnell klar, dass es für lesbische Paare kein Ding der Unmöglichkeit ist, ein Kind zu bekommen, da Lesben ja auch nur Frauen sind. Für schwule Paare ist das Väterwerden dagegen entschieden schwieriger. Es gilt: Vater werden ist sehr schwer, Vater sein noch viel viel mehr! Tatsächlich ist es ihnen nur in wenigen Fällen vergönnt, ihre Kinder und Stiefkinder großzuziehen, den ganzen Tag um ihre geliebten Lieblinge herumzuschleichen und ihnen ein allmorgendliches Frühstück zu bereiten.

__ Es gibt jenseits von *crime and money* natürlich noch weitere Möglichkeiten für homosexuelle Paare ein Kind zu bekommen, allerdings, und das ist wirklich sehr schade, wird es kein homosexuelles Paar auf der Welt geben, das gemeinsam seine Erbanlagen in *ein neues Leben* pumpen kann. Es wird demnach kein Kind geben (es sei denn, es verhält sich mit Kindern und ihren Eltern wie mit Hunden und ihren Haltern), das so um die Nase rum wie die eine und um die Augen wie die andere aussieht. Das die Ohren von dem einen hat und die Läppchen von dem anderen.

Wer ist der Mann und wer ist die Frau?

Ein homosexuelles Paar besteht bekanntlich aus zwei Menschen gleichen Geschlechtes. Da scheint es nur natürlich, dass die Heteros etwas durcheinander geraten, weil sie sich doch jahrhundertelang solch eine Mühe mit der Rollenverteilung gegeben haben. Doch wird Ihr Mut, diese Frage zu stellen, im seltensten Fall belohnt, stattdessen bekommen Sie zickige Antworten wie: *Also ich liege unten, wenn du das meinst!?* Oder: *Ich haue die Nägel in die Wand, wenn du das meinst!?* Oder: *Ich trage die Einkaufstaschen, wenn das deine Frage ist!?*

__ Aber Sie dürfen sich nicht wundern, dass uns Homos diese Frage zum Hals raushängt, denn wir hör(t)en sie wirklich öfter als jeden Beatlessong, und die Antwort ist doch klar: Wenn in unseren Partnerschaften einer der Mann und einer die Frau wäre, dann wären wir hetero- und nicht homosexuell! Also, wie kommt es zu dieser absurden Frage? Steckt die Vermutung dahinter, dass sich zwei Frauen oder zwei Männer überhaupt nicht ergänzen können, dass zwei Männer zwar zusammen ein Regal anbohren können, dafür aber nie eine warme Mahlzeit kriegen, oder dass sich zwei Frauen zwar gegenseitig hübschen Schmuck aussuchen, sich dafür aber im Winter kein Feuer machen können? Wenn man hinter die Fassade dieser Frage blickt, dann stecken natürlich ganz andere Fragen dahinter; geschlechtsübergreifende, emmadiskutierte, moderne Fragen, die längst nicht mehr nur die homosexuellen Partnerschaften betreffen.

__ In Zukunft wird die Frage *Wer ist bei euch der Mann und wer ist die Frau?* unabhängig der sexuellen Orientierung gestellt werden. Und zu Recht, denn ich möchte auch wissen, mit wieviel potenziellen Frauen ich es in Zukunft im Straßenverkehr zu tun habe, alle Männer, die wie Frauen Auto fahren, mit einberechnet. Ich erinnere mich an eine heterosexuelle Bekannte, die bei der Trennung eines homosexuellen Paares sagte, sie verstünde jetzt gar nichts mehr. Sie dachte immer, Homosexuelle suchen sich einen gleichgeschlechtlichen Partner aus, weil sie mit dem konträren Geschlecht eben nicht können, und also müsste es doch in einer homosexuellen Partnerschaft ganz und gar harmonisch zugehen!?

Top Ten Fragen eines Heteros

__ Jeder Mensch ist so verschieden talentiert, passioniert, orientiert, kultiviert, humorisiert etc., dass sich zwischen allen Paaren, in allen Beziehungen, ob homo oder hetero, immer noch genug Reibefläche findet, um ordentlich zu lieben und zu streiten, sagte daraufhin der weise Mann hinter der Theke seiner Schwuchtelbar.

Die Geschlechterrollen gelten gemeinhin als erlernt und nicht genetisch festgelegt oder durch die Konstitution bedingt. Chromosomenzählungen und endokrinologische Untersuchungen bei Homosexuellen haben nicht mehr Abweichungen von der Norm ergeben als beim Durchschnitt.

PETER THIEL, SYSTEMISCHER BERATER UND THERAPEUT

Es gibt wichtigere Dinge in der Welt, über die man sich Gedanken machen sollte.

KEKS/INTERNETFORUM

Wie gefährdet bin ich als Hetero wirklich?

Sehr gefährdet, gefährdeter denn je, jedenfalls, wenn Sie eigentlich gar nicht hetero sind. Die Homos treten immer selbstbewusster auf und versuchen den homosexuellen Heteros zu verklickern, dass ein homosexuelles Leben möglich ist. Daher werden Sie heute mehr denn je dazu verführt, Ihrem eigentlichen Empfinden nachzukommen. Sie gestatten sich den Gedanken, den sich Ihre homosexuellen Verwandten (von denen Sie's wahrscheinlich haben) noch vor zwanzig Jahren nicht so mir nichts dir nichts gestatten konnten.

_ Vor dieser Gefahr können Sie sich schützen, indem Sie sich jemanden vom anderen Geschlecht anlachen, mit dem Sie *ganz gut können,* dann stellen Sie sich darauf ein, dass es *schon ganz gut wird,* Sie vermeiden Freundschaften mit Homosexuellen, die Ihnen ständig implizieren, es könnte besser sein, es könnte richtig gut sein.

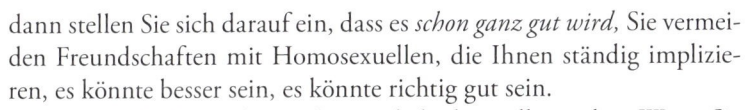

__ Die Gefahr kann aber nicht gänzlich abgestellt werden. Wenn Sie sich in einen von uns verlieben, obwohl Sie hetero sind, müssen Sie damit rechnen, dass wir unserem Jagdinstinkt nachkommen, unser Ehrgeiz geweckt ist und wir nie, niemals einsehen werden, dass Sie nicht willig sind.

__ Angenommen, Ihre Heterosexualität ist unerschütterlich, dann sind Sie eigentlich ziemlich sicher vor uns. Irgendwann werden wir Ihnen glauben und aufhören, Sie die ganze Zeit anzufassen, Sie mit triftigen Argumenten für die Homosexualität verbal zu vergewaltigen, wir werden aufhören, Ihnen anzüglich zuzuzwinkern und jedes Ihrer Worte ins Gegenteil zu kehren.

__ Wenn Sie nun aber doch in das Dilemma geraten, dass Sie *wirklich* hetero sind und sich trotzdem in einen gleichgeschlechtlichen Menschen verlieben, dann hadern Sie nicht mit sich. Es lässt sich immer eine Kategorie finden, in der Sie sich wohl fühlen können. Dann gehen Sie zu den *anonymen Bisexuellen* oder zu den *Was-ist-bloß-mit-mir-los.* Es findet sich auf Erden immer einer, der Sie verstehen kann. Haben Sie keine Angst vor der Gefahr, die immer und überall auf uns lauert. Auf uns alle. Auch Sie stellen für uns eine Gefahr dar. Sie können sich gar nicht vorstellen, wie der Bär los ist, wenn uns ein heterosexuelles Gefühl eiskalt erwischt. Wir alle müssen wohl oder übel mit der Gefahr leben, uns in jemanden zu verlieben, in den wir nicht vorhatten, uns zu verlieben.

Vor allem heterosexuelle Männer denken gern, dass alle schwulen Männer was von ihnen wollen. Das ist nicht nur ein abstruser, sondern auch ein ziemlich eitler Gedanke.

KERSTIN WINTER, BUNDESGESCHÄFTSFÜHRERIN
DES JUGENDNETZWERKS LAMBDA E.V.

Wie liebt man ohne und wie mit zwei Teilen?

Der Schwule lässt die Arbeit ruh'n, und freut sich auf den After noon, erklärte kürzlich ein Freund. Haben die Schwulen ausschließlich Anal- und die Lesben Oralsex? Liegt unter jedem lesbischen Bett ein naturfarbender Dildo, unter jeder schwulen Matratze ein Lederriemen? Oder umgekehrt? Man weiß es ja nicht. Und möchte man es wissen? Eigentlich nicht, aber irgendwie schon. Die Wahrheit ist, dass ich Ihnen nicht so recht weiterhelfen kann, denn jeder Mensch ist bekanntlich anders, so auch der Sex. Ich gehe davon aus, Heterosex besteht auch nicht nur aus dem, was man sich gewöhnlich darunter vorstellt.
__ Aber vielleicht kann ich doch zumindest die allergängisten Klischees und Vorurteile entkräften:

Top Ten Fragen eines Heteros

ERSTENS
Es gibt genügend Schwule, die mit Analsex nie warm werden und gänzlich darauf verzichten, so wie es genügend Heteros gibt, für die Analsex das Größte ist.

ZWEITENS
Lesbischer Sex kann genauso schnell vorbei sein wie ein heterosexuelles Vergnügen.

DRITTENS
Mit Liebe ist es noch viiieeel schöner, hüben wie drüben.

VIERTENS
Mit Phantasie auch.

FÜNFTENS
Wenn ihr ehrlich seid, müsst ihr zugeben, dass Sex bei euch auch nicht nur der Fortpflanzung dient.

SECHSTENS

Prügeln gehört nicht zwangsläufig zum Vorspiel von zwei Männern und reden nicht zwangsläufig zum Vorspiel zweier Frauen.

SIEBTENS

Ein paar, im Durchschnitt 15, Zentimeter mehr oder weniger, machen aus *normalem* Sex keinen *anormalen* Sex, denn die Zentimeter zu wenig kriegt man woanders wieder rein und die Zentimeter zuviel bekommt man schon irgendwo und irgendwie unter.

Was nicht passt, wird passend gemacht.   VOLKSMUND

ACHTENS

Das Abstoßende an Ihrer Vorstellung von homosexuellem Sex ist nicht das Homosexuelle an dem Sex – versuchen Sie sich mal Ihre Nachbarn, Lehrer, bestimmte Kollegen, die Käsethekenfrau in Aktion vorzustellen – Sie sehen, es liegt einfach in der Natur der Sache an sich, dass man sich das nicht immer bei anderen vorstellen möchte.

NEUNTENS

Hauptsache wir haben uns alle lieb.

ZEHNTENS

Zuletzt kommt es vielleicht nur darauf an, was man unter Sex versteht.

Sind Lilo Wanders und Co. nun Frauen oder nicht?

Sie sehen zumindest so aus; tragen Kleider, schminken sich die Lippen, zeigen Bein und Interesse an Männern. Dabei könnte man es doch belassen, aber dann kommt wieder eine Lilo Wanders daher und zeigt nicht nur Bein, sondern auch eine Ehefrau mit Namen Brigitte plus über zwanzig Jahre Ehe plus drei gemeinsame Kinder. Also ist Lilo Wanders lesbisch? Möchte man so argumentieren, heißt es wiederum: Wieso?!? *Ernst-Johann Reinhardt* ALIAS Lilo Wanders – was soll daran lesbisch sein? Und Romy Haag, Tänzerin, Sängerin, Nachtclubbesitzerin und David Bowie-Ex? Normal veranlagt? Mit dem Namen alles in Ordnung? Kann man Haag heißen, wenn man in Den Haag geboren wurde? Zufall? Und David Bowie? Steht der nicht auf Manner? Mary, das ist ein Mann, das weiß doch jeder! Ja, aber hat der echte Brüste und wenn ja, woher bitteschön? Wen haben wir noch? Naddel? Marla Glen – Mannfrau? Fraumann?

__ **Charlotte von Mahlsdorf** – beginnen wir mit ihr. Sie wurde als Lothar Berfelde 1928 in Berlin geboren und fühlte sich rasch mehr Mädchen denn als Junge. Eine Leidenschaft für *alten Kram* entflammte in Lothar, und so wurde sie zur Sammlerin. Während sie sammelte und sammelte, trat sie in die Hitlerjugend ein und erschlug ihren Vater, als der sie, seinen Sohn Lottchen, mit einem Revolver bedrohte. Nach Haftentlassung begann Lothar sich weiblicher zu kleiden, wurde erst zum Lottchen und dann zur stadtbekannten Charlotte von Mahlsdorf mit dem Gründerzeitmuseum. 2002 verstarb Charlotte von Mahlsdorf während eines Berlinaufenthalts – sie war unter anderem wegen eines Neonaziüberfalls nach Schweden ausgewandert – an Herzversagen. Charlotte von Mahlsdorf war eine Frau, trotz des männlichen Geschlechtsteils. Im Gegensatz zu ihr hat sich **Romy Haag** in den 80ern einer geschlechtsangleichenden Operation unterzogen und wurde in Deutschland zu einer der bekanntesten Transsexuellen. Sie wurde als Edouard Frans Verbaarsschott in Den Haag geboren. Auch sie ist eine Frau, sogar ohne Penis.

Hingegen **Mary,** Deutschlands erster großer Travestie-Star, war (oder ist?) eine Drag-Queen, ein Unterhaltungs- und Verwandlungskünstler. Wenn Mary die Perücke abnimmt, und das tut sie sehr oft und gerne, wird aus ihr Georg Preuße, ein Mann. Ein Mann durch und durch, aus dem nur manchmal, für ein paar Stunden eine Frau wird. So auch **Lilo Wanders.** Auch aus ihr wird wieder ein er, und Ernst-Johann *Ernie* Reinhardt ist dann gerne Mann, Ehemann mit Frau und Interesse an anderen Männern. Der Milchmädchenrechnung nach bisexuell, für die, die es genau wissen wollen. Und für die, die es noch genauer wissen wollen – was er unter dem Kleid trägt ist seinen Angaben nach Betriebsgeheimnis. Seine *Tätigkeit* als Lilo Wanders beschrieb er einst so: *Papa zieht den Blaumann an und geht auf Schicht.* Lilo Wanders ist übrigens ein eingetragenes Warenzeichen. Sie können nicht so ohne weiteres auch eine Lilo Wanders sein.

__ Und die Naddel und Désirée Nick, deren Brüste ziemlich echt aussehen, aber nicht echt sein müssen, wann legen die ihre Künstlernamen ab und sind wieder das, was sie eigentlich sind? Finden wir uns damit ab, scheint erstmal alles echt Frau zu sein.

__ Echt Frau – die letzte auf Erden, die einem dazu einfällt, ist wohl **Marla Glen**, die Sängerin mit tiefer Stimme, Anzug, Herrenhut und Zigarre. Traum*frau* mancher (heterosexuellen?) Lesbe. Aber *macht sie nur auf Mann* oder ist sie gar ein Mann und somit völlig normal??? Oder war sie mal ein Mann und wäre gern wieder einer? Sie gibt uns definitiv die größten Rätsel auf. Oder gibt nur die Luzerner Polizei all die Rätsel auf, die von einer Toilettenfrau zu Hilfe gerufen wurde, um von dem *renitenten Mann* auf der Herrentoilette befreit zu werden. Bei dem *renitenten Herrn* handelte es sich um Marla Glen, in deren Ausweis Polizei und Toilettenfrau dann gesehen haben wollen, dass ihr Geschlecht mit m für male (männlich) angegeben ist. Angeblich hat sich Marla Glen erst 1993 dazu entschieden, sich als Frau umoperieren zu lassen. Oder war's andersrum? Stand da in ihrem Pass erst ein *f* und jetzt mittlerweile ein *m?* Also, da kann ich auch nicht weiterhelfen. Ich weiß nicht, was mit der Glen los ist. Ich bleibe aber bei meiner Vermutung, *Like a Believer,* dass sie im Gegensatz zu Lilo Brust trägt.

Wann weiß man, dass man homosexuell ist, und wie kann man sich da so sicher sein?

Wann wussten Sie, dass Sie hetero sind, und warum sind Sie sich da so sicher? Die Sache ist die, man kommt einfach um diese ganze Chemie nicht drumrum, die dafür sorgt, dass man sich verliebt oder es bleiben lässt. Gegen die Chemie ist der Mensch, der *Homo*, machtlos. Wir können schiefe Türme bauen und Freundschaften per Telefon aufrechterhalten, aber gegen die Chemie, die Lockstoffe, die Synapsen können wir wenig ausrichten. Und wenn sich die Chemie bei uns ans Werk macht, dann pocht auch unser Herz so laut, dass wir es kaum überhören können. Wir sehen uns an, in wen wir uns da verliebt haben, dann kombinieren wir flugs und kommen zu dem Schluss: Ich bin homosexuell. Sicher, bei manchen geht es nicht so flugs, da pocht das Herz und pocht, wird dem Kardiologen vorgestellt, dann dem Psychologen, bis es *klick* macht und endlich dem Richtigen bzw. der Richtigen vorgestellt wird, der/die das Herz erobert hat. Die Dauer zwischen dem Herzpochen und dem Klick hängt oft mit dem Umfeld zusammen, in dem man aufwächst. Je mehr Homosexuelle um einen herumwuseln, je selbstverständlicher, je liberaler, desto schneller ist der Klickprozess abgeschlossen. Viele Homosexuelle wissen schon von Kindheit an, dass sie homosexuell sind, aber sie kommen nicht drauf, weil es zur Mutter einen Vater, zur Tante einen Onkel, zur Oma einen Opa gibt. Dass es noch einen Onkel mit anderen Onkeln gibt, eine Cousine der Mutter mit feurigen Liebhaberinnen, davon erfährt das Kind sehr lange Zeit nichts. Aber irgendwann tauchen genau diese Onkel und Cousinen auf (wenn nicht die eigenen, dann andere), weil sie *es* wittern, dann kommen sie, um einen zu holen, einen an die Hand zu nehmen und zu sagen: Herzlichen Glückwunsch, du bist eine/r von uns. Und dann macht der Homo die Augen auf, und die verkehrte Welt ist richtig rum. Und wie kann man sich sicher sein, dass richtig richtig ist? Indem man sich auf die Chemie verlässt oder, wie immer im Leben, – gar nicht.

Warum vergöttern die Schwulen Greta Garbo und die Lesben Romy Schneider?

Dafür, dass Greta *die Göttliche* war, wird sie heute noch von den Schwulen *vergöttert*. Viele Schwule lieben es schlichtweg zu sagen: *Die Göttliche! Die Göttliche* – das könnten einige Schwule den ganzen Tag lang sagen. *Die Göttliche* – immer mit einer kurzen Verzögerung auf dem *G,* einer leidenschaftlichen Entladung beim *ött,* und einer zärtlichen Liebkosung der Endung *liche*.

__ Und für Romy Schneiders Erfolg bei den Lesben gibt es mindestens fünf gute Gründe, nämlich: Weil sie (!) als Mädchen (!) in Uniform (!) Lilli Palmer (!) so geliebt (!) hat. Allerdings wird Romy heutzutage – slowly but surely – von einer anderen verdrängt. Eine Umfrage ergab, dass Angelina Jolie derzeit bei den Lesben auf Platz 1 der Traumfrauen steht.

Insider

Das Coming Out

Wenn man als Homosexueller *Out* ist, bedeutet das nicht, dass man modemäßig im Abseits steht, sondern, dass er/sie zu seiner/ihrer Homosexualität steht. Heteros sind out, ohne das geringste Zutun, Homos müssen sich outen. Sie müssen theoretisch nicht, aber den meisten ist es ein Bedürfnis, um sich den wichtigen Dingen im Leben widmen zu können. Coming Out nannte man früher in Amerika den Abschlussball von 14-jährigen Mädchen, die im Begriff waren, von der Kinderin die Erwachsenenwelt zu schreiten. Heute beschreibt das Coming Out einen Prozess, den Homosexuelle durchschreiten, die einen forscher, die anderen zögerlicher, die einen ganz und gar, die anderen nur zur Hälfte.

__ *Rauskommen* muss man erst einmal vor sich selbst. Man steht sich dann eines Tages gegenüber und sagt sich: Ach so läuft der Hase, dann verstehe ich jetzt auch das und das und das und das in meinem Leben, meinem Verhalten und meinen Träumen.

__ Damit wäre der erste, der größte Schritt des Coming Outs getan. Von nun an wird man sich immer wieder im Homoleben entscheiden müssen, wem gegenüber und zu welchem Zeitpunkt man heraustreten möchte. Obwohl sich keiner mit: *Mein Name ist Lohse und ich bin homosexuell* vorstellen muss, gibt es doch immer wieder Situationen in denen die Frage aufkommt: *Uuuuuund??? Hast du einen Freuuund???!!!* Blitzschnell entscheidet die Lesbe, ob sie sagt: *Nein, eine Freundin!*

Oder: *Nein, ich habe keinen Freund!* Oder: *Ja, habe ich! Und was hast du gestern Abend gemacht, Dieter?* Der ungeoutete Schwule antwortet: *Einen TV-Krimi gesehen;* obwohl er als geouteter hätte sagen müssen: *Ich war in einer Gay-Sauna.*

__ Einige Homos entscheiden sich nicht mehr von Situation zu Situation, sondern haben konsequent beschlossen, ihre Homosexualität nicht zu verbergen, wenn jemand danach fragt. Jedoch kann sich noch nicht jeder Homo in jeder Situation diese Offenheit erlauben. Es gibt genügend homophobe Chefs und Chefinnen. So gibt es auch noch genügend ungeoutete Homosexuelle; Familienväter mit Doppelleben, die ewige Jungfer, die keinen abbekommt. Glücklich ist der/die Homosexuelle, der/die sich in einem liberalen Umfeld bewegt, in dem Homosexualität niemanden von den Socken haut.

__ Ein Coming Out kann spontan sein oder von langer Hand geplant. Neulich erzählte mir jemand, sie hätte zehn Jahre eine Therapie gemacht, um ihren Eltern mit dem Satz *Ich bin lesbisch* gegenüber treten zu können. Zehn Jahre hatte sie sich auf den Moment der Wahrheit vorbereitet, um sich dann im entscheidenden, schwersten Augenblick ihres Lebens (an Weihnachten) anhören zu müssen: *Ja, und? Das wissen wir seitdem du zwölf bist. Wir sind schließlich deine Eltern.* Jeder Homosexuelle hat mehrere Coming Out-Stories zu erzählen, die einen sind lustig, die anderen tragisch.

__ Homosexuelle Promis, die in der Öffentlichkeit nicht zu ihrer Homosexualität stehen wollen oder können, werden manchmal Opfer eines unfreiwilligen, so genannten *Zwangsoutings*. Eingeweihte geben das Geheimnis offiziell bekannt, meistens für den Zweck, der Homosexualität ein sympathisches, positiv besetztes Gesicht zu verleihen und jungen Schwulen und Lesben ein Vorbild anzubieten – dass dadurch auch Karrieren in die Brüche gehen können, wird dabei in Kauf genommen. Manchmal wird das Gerücht der Homosexualität aber auch von vornherein mit denunzierender Absicht gestreut.

__ Wer sich nicht outet, lebt *in the closet* (im Schrank). Ungeoutete Lesben nennt man daher Schranklesben. Das männliche Pendant ist die Klemmschwester. Die amerikanische Schauspielerin Ellen DeGeneres hingegen lebt *out and proud* (schwul/lesbisch und stolz). Ihr öffentliches Coming Out fand unter anderem auf dem Cover des Time Magazins statt: *Yep, I'm gay!* Das Spektakuläre an ihrem Coming Out war ihre Freundin (die Hollywoodschauspielerin Anne Heche) und die prominente Unterstützung (das Foto aus dem Weißen Haus, auf dem Bill Clinton seine Arme um das Paar legt, ging um die Welt).

__ *Coming Out* heißt übrigens auch der einzige schwule Film der DDR.

Der Christopher Street Day

Vielleicht sind Ihnen im Sommer schon mal coole Cowboys und kesse Väter über den Weg gerollt, stampfend und winkend, auf LKWs, auf denen Marianne Rosenberg noch immer behauptet, er würde zu ihr gehören oder auf denen die üblichen Verdächtigen wie Freddie Mercury oder Tracy Chapman immer und immer wieder eindringlich um Freiheit bitten. Vielleicht gab es schon mal einen Sommertag in Ihrem Leben, an dem Sie von einem buntem Federvieh oder einem Trillerpfeifenverkäufer getröstet worden sind, weil sich gerade Ihre Urlaubsliebe auf und davon gemacht hatte, aber haben Sie sich mal gefragt, warum ausgerechnet an jenem Sommertag, als Ihre Urlaubsliebe ging, so viele vergnügliche Federboas geschwenkt und so viele Trillerpfeifen verkauft worden sind? Oder warum hatten Sie an einem merkwürdigen Sommer-

Insider

tag das ganze Autodach voller Sektkorken? Was auch immer Sie einst stutzig gemacht hatte, vielleicht kann der CSD eine Erklärung sein.

__ Hinter dem Kürzel CSD verbirgt sich der Christopher Street Day, eine Mischung aus Demonstration, Feierlaune und Gedenktag, eine Veranstaltung, die jährlich im Juni, Juli oder August (organisatorisch bedingt) stattfindet. In Österreich ist es die Regenbogenparade, in vielen anderen Ländern der Gay Pride. In vielen anderen Ländern, nicht in allen. Ein Land muss schon einigermaßen richtig ticken, um seinen Bürgern diese demokratische Versammlung (diese Tuntenansammlung) zu gewährleisten. Leider sind noch nicht alle EU-Mitglieder soweit und verstoßen munter gegen die EU-Richtlinien, wenn sie einen CSD verbieten bzw. dessen TeilnehmerInnen von Nazis und Fundamentalisten verprügeln lassen.

__ Zum Punkt: Der CSD findet in sehr vielen Städten statt und gehört für so manchen Homosexuellen und Transgender zum wichtigsten Ereignis des Jahres.

__ Die Christopher Street befindet sich in New York. Dort kam es am 27. Juni 1969 zu einer der ersten großen Rebellionen von Schwulen, Lesben und anderen sexuellen Minderheiten, nachdem in der Bar Stonewall Inn eine Polizeirazzia durchgeführt wurde. Diese gewalttätigen Polizeirazzien in Lokalen mit homosexuellem Publikum hatte es zu dieser Zeit häufiger gegeben. Aber es kam der Tag, an dem die Homos die Nase voll hatten. Tagelange Straßenschlachten folgten, bei denen sich so mancher Bulle gewundert haben dürfte, wie kräftig und zäh eine wütende Tunte sein kann. Seither feiert die Homosexuelle Gemeinde ihre erreichten Rechte und demonstriert gegen die zahlreichen Ungerechtigkeiten und Diskriminierungen (die Transe demonstriert das Gehen auf hohen Absätzen). Dazu tanzen und pfeifen sie auf rollenden LKW's, werfen ähnlich den Blumenkindern Kondome mit Slogans wie: *Schützt euch vor der PDS* in die Luft, oder legen eine berühmte Politikerin in Handschellen. Sie tun das also nicht, entgegen mancher Heteroannahme, um die Heteros zu ärgern, indem sie ihnen sinnlos ihre Sexualität ins Ohr brüllen. An solch einem Sommertag knutscht auf der Straße ein Matrose einen Indianer, eine Marlene mit Hosenträgern eine Diva mit Milvamähne. An solch einem Sommertag hat für uns alles seine Ordnung, und Sie haben die Möglichkeit Ihre Sommerliebe zu vergessen, bei all dem bunten Treiben.

__ Der CSD macht heute mittlerweile dem Kölner Karneval Konkurrenz – häufig ist das Wetter besser, die Homosexuellen sind origineller in der Zusammenstellung ihrer Outfits mit Liebe zum Detail, die Musik ist besser und 2002 wurden 1,2 Millionen Beteiligte in Köln gezählt. Auch im Vergleich mit der legendären Love Parade hält der CSD locker mit, vor allem kommt hier der bessere Musikgeschmack der Homosexuellen zum Tragen.

__ Kurzum, der CSD hat sich in den letzten Jahren zu einem gesellschaftsfähigen Event gemausert, das von Promis aus Politik und Kultur, von Funk und Fernsehen, von Hetero-, A- und Bisexuellen begleitet wird. So können es wenigstens all die am Bildschirm verfolgen, die sich nicht raus trauen oder in kleinen erzkonservativen Käffern festsitzen, denen *a umzuag wie dieser donni in Froage koamt.*

… vielleicht weil die Leute mittlerweile denken, der Homosexuelle an sich ist hipp und quietschvergnügt, nur weil am Christopher Street Day ein paar Transen durchs Bild laufen.   MAREN KROYMANN

Die Homos sollten beim Kampf um ihre Rechte nicht ihre Würde verlieren.
STEFFI KLEINGÄRTNER

Irrtum

Auch Homosexuelle können und dürfen irren. Sie unterliegen wie alle Menschen sogar sehr vielen Irrtümern. An guten Tagen irren sie sich, indem sie glauben, Mr. A oder Tante X hätten ein Problem mit Homosexuellen und würden nie wieder ein Wort mit ihnen wechseln, dabei ist es Mr. X oder Tante A völlig Wumpe, wer mit wem, warum und wieso. An schlechten Tagen gehen Homos davon aus, dass ihre sexuelle Orientierung bei der Jobvergabe keine Rolle spielt, das Zwischen-den-Zeilen der Absage belehrt sie allerdings eines besseren. Manchmal kann so ein homosexueller Irrtum sehr zäh und hartnäckig sein, dann gehen Monate oder sogar Jahre ins Land, bis er (homosexuell) oder sie (homosexuell) einsieht, dass das Objekt der Begierde unüberwindlich stockhetero und definitiv nichts zu machen ist.

__ Ein paar Homosexuelle unterliegen dem Irrtum, dass sie sich, trotz ihrer Gesinnung, ihrem Naturell entsprechend verhalten dürfen, dabei gab ein Beitrag aus einem Internetforum doch vor, wie der Hase zu laufen hat. Dort hieß es in einem Kommentar über Vera Int-Veen (Vera am Mittag/Vera macht Träume wahr): *Für 'ne Lesbe nimmt sie sich ganz schön wichtig. Das hat sie mit Hella von Sinnen gemeinsam.* Also Vera und Hella. Schön die Bälle flach halten!

__ Manche Homos glauben, sie wären etwas Besonderes, und zwar allein durch ihre sexuelle Präferenz, dabei gehört sich Besonderheit heutzutage kräftig verdient, da muss man sich zusätzlich zu seiner Homosexualität wenigstens ein buntes Hütchen aufsetzen oder sich beim Abnehmen filmen lassen, wenn man schon keine Roboter erfindet, die einen abends zudecken und eine Gute Nacht wünschen, oder Handys, die so groß sind wie eine

Erbse. Mit Homosexualität allein gewinnt man heutzutage keinen Blumentopf mehr, weiß Freund D* zu berichten.

__ Aber die Homos irren auch, wenn sie denken, ihre Homosexualität spiele keine Rolle (mehr), widerspricht Freundin A*. So oder so, sie irren sich eben. Sie irren sogar in ihrer eigenen Liga. Das flog durch den Film *Der fremde Planet* auf, in dem Schwule auf die Interviewfrage: *Was machen Lesben eigentlich im Bett* antworteten: *Die reden viel und kämmen sich die Haare.*

Polari

Wenn Sie als Mann in London eines Tages in die Situation geraten, dass Sie ein hübscher Bursche offensichtlich mit seiner Tante Nell verwechselt, obwohl Sie wie alles andere aussehen als Robin Williams in *Mrs. Doubtfire,* oder wenn Sie das Gefühl haben, dass sich Ihre neue Bekanntschaft völlig unverständlich nach einer Batterie erkundigt, wenn Sie nie richtig verstanden haben, was Morrissey meinte, als er sang: so bona to vada, oh you/your lovely eek and/your lovely riah, also dann sind Sie der Sprache Polari nicht mächtig und wirken allem Anschein nach homosexuell, sonst hätte man Sie wohl kaum auf Polari angesprochen, denn Polari ist eine schwule Geheimsprache in Großbritannien. Sie entwickelte sich vorwiegend in den 50ern und 60ern, als Homosexualität verboten war, insbesondere in London, wurde dort vor allem von den Homosexuellen gesprochen, aber auch in der Theaterszene und auf dem Fischmarkt. Polari (auch palare: italienisch für reden) setzt sich aus Anteilen verschiedener Sprachen und Slangs zusammen, so zum Beispiel aus Englisch, Französisch, Italienisch, dem Jiddischen, der Sprache der Roma, dem Londoner Cockneyslang, dem Matrosenslang, dem amerikanischen Luftwaffenslang und der Theatersprache. Polari umfasst in etwa 500 Worte und erlangte in den 60ern durch die BBC Serie *Round The Horne* Popularität. Dort unterhielten sich Julian and Sandy auch in Polari. So konnte man die BBC Zensuren umgehen und den Schwulen eine ganz andere Geschichte erzählen als den Hausfrauen, denn *dirty dishes* sind nicht unbedingt

Insider

schmutziges Geschirr. Zwar gibt es in London und Brighton immer noch Friseurgeschäfte die *Bona Riah* heißen – Bona: schön; Riah (umgedreht: hair): Haar – doch wird Polari heute kaum noch gesprochen. Eine weitere Sprache stirbt aus!!! Polari!

__ Nun zurück zu Ihnen: *Aunt Nell!* Bedeutet soviel wie *Hör mir zu!* Und *battery carsey* Klopf an meine Tür! Und zumindest *lovely riah* im Morrissey Song sollte für Sie nicht mehr *liebliche Riah* heißen. Für alles weitere gibt es *A Dictionary of Polari & Gay Slang* von Paul Baker.

Lieblingsorte

Örtlich gesehen, sind die Homosexuellen überall vertreten. An manchen Orten sind sie mehr, an anderen weniger gern gesehen, dementsprechend fühlen sie sich an manchen Ort mehr oder weniger wohl. Hingegen mancher Vermutungen sind schwule Männer nicht ausschließlich auf öffentlichen Örtchen zu orten.

__ Hier haben wir eine kleine Auswahl (in Prozenten), wo der schwule Mann laut einer Umfrage auf sein Opfer lauert:

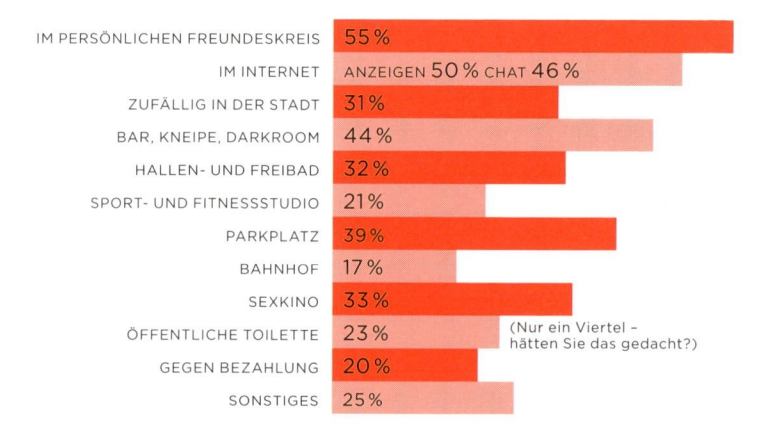

Ort	Prozent
IM PERSÖNLICHEN FREUNDESKREIS	55 %
IM INTERNET	ANZEIGEN 50 % CHAT 46 %
ZUFÄLLIG IN DER STADT	31 %
BAR, KNEIPE, DARKROOM	44 %
HALLEN- UND FREIBAD	32 %
SPORT- UND FITNESSSTUDIO	21 %
PARKPLATZ	39 %
BAHNHOF	17 %
SEXKINO	33 %
ÖFFENTLICHE TOILETTE	23 % (Nur ein Viertel – hätten Sie das gedacht?)
GEGEN BEZAHLUNG	20 %
SONSTIGES	25 %

Da sehen Sie, wo sich die Schwuppen tummeln – in der Stadt, im Internet und auf dem Bahnhof. Hätten Sie's gedacht? Bei dieser Umfrage nicht angeführt ist aus uns unerfindlichen Gründen der Park, denn der gehört ins Standardrepertoire eines jeden Schwulen. Die Lesbe dagegen spaziert lieber mit ihren Hunden durch den Wald und wirft dicke Knüppel.

__ Ein Ort, der Fragen aufwirft, ist der Darkroom, den sich viele Heteros schlecht vorstellen können. Doch was soll so geheimnisvoll daran sein? Es ist nur duster und beim Vorwärtstasten langt man nackten Männern hierhin und dahin.

__ Kleine Oasen in jeder Stadt sind die Homokneipen. Während die Fenster früher abgeklebt waren und sich die Türen nur nach dem Betätigen der Klingel öffneten, sind Homokneipen heute lichtdurchflutet und für jedermann frei zugänglich. Kenntlich gemacht sind Kneipen, Cafés, Bars, aber auch verschiedene Läden für Homosexuelle zumeist durch eine Regenbogenfahne, die mal als kleiner unscheinbarer Sticker in einer Fensterecke klebt, mal als großes Fähnchen im Wind weht. Hier treffen wir uns, wenn wir unter unseresgleichen ein Kalt- oder Heißgetränk zu uns nehmen wollen, oder wenn wir uns von Tun-

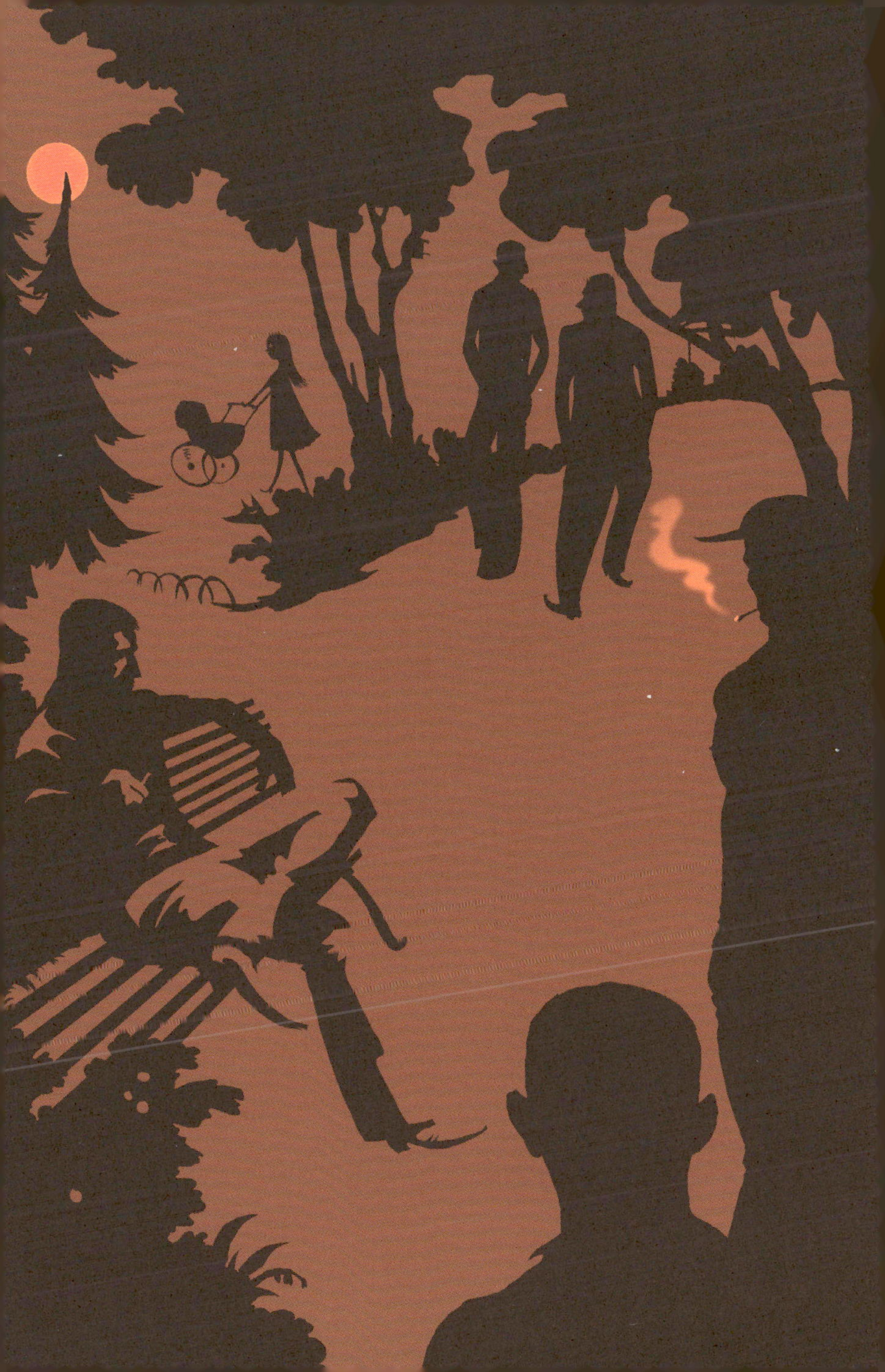

ten die Haare frisieren oder von verständnisvollen Lesben eine Hose verkaufen lassen wollen.

__ Doch nicht jeder Laden mit einer Regenbogenfahne wird von Homosexuellen geführt. Die Fahne ist auch ein Zeichen der Sympathie und Solidarität. Gerne verschlägt es die Homos auch auf die Inseln, den schwulen Mann nach Mykonos, die Lesbe – jede Lesbe – nach Lesbos.

Treue

Das allgemeine Vorurteil lautet: Schwule können nicht treu sein, suchen an den unmöglichsten Orten zu jeder Tageszeit schnellen und anonymen Sex, während Lesben nach ein paar Monaten in ihrer Beziehung ganz und gar auf Sex verzichten, demnach treu sind wie ein alter Köter. Ist dieses Vorurteil nur eine Farce oder gar bittere Realität? Nun, etwas, worauf schwule Männer in ihren Beziehungen durchaus Wert legen, ist die emotionale Treue, die durch sexuelle Offenheit nicht notwendiger Weise in Frage gestellt wird. Man(n) kann sich die Treue natürlich irgendwie hindefinieren, und schon sind alle Schwulen treu, sind alle Lesben treu, alle Heteros treu und nur der Kater, der zum Nachbar schleicht, um die Gräten einer Forelle blank zu lecken, ist ein hundsgemeiner Verräter.

__ Tatsächlich gibt es diverse Studien, die sich mit der Treue unter homosexuellen Männern beschäftigt haben. So hat der deutsche Universitätsprofessor Dr. Martin Dannecker 900 schwule Männer befragt, die in einer festen Beziehung leben. Davon hatten 83 % (747 Personen) in den letzten zwölf Monaten häufige homosexuelle Kontakte außerhalb ihrer Beziehung. Zwei nordamerikanische Wissenschaftler, McWhirter und Mattison, selbst ein homosexuelles Männerpaar, führten eine Studie durch, um zu beweisen, dass auch homosexuelle Männer treu in dauerhaften Partnerschaften leben können. Sie führten ihre Interviews mit 156 homosexuellen Paaren durch, die seit 1–37 Jahren miteinander leben. Zwar waren zwei Drittel die Partnerschaft mit dem Wunsch nach sexueller Treue eingegangen, allerdings waren nur 7 einander tatsächlich treu geblieben, und unter diesen 7 war kein einziges

Paar länger als fünf Jahre zusammen. Oder Evelyn Hooker, deren Studien in den USA bahnbrechend waren, sie fand unter 30 homosexuellen Paaren nur ein einziges, dass über zehn Jahre hinweg eine monogame Beziehung aufrecht zu erhalten vermochte, obwohl 27 Paare eine große Sehnsucht nach Stabilität, sexueller Treue, Intimität, Liebe und Zuneigung angaben. Viele schwule Paare lernen in ihrer Beziehung früh, dass sexuelle Besitzansprüche schnell zur größten Bedrohung der Partnerschaft werden.

__ Frauen werden von ihren Sexualhormonen etwas weniger unter Druck gesetzt als Männer, das ist auch bei den Lesben nicht anders. Ob sie deshalb mehr oder weniger treu sind, bleibt dahin gestellt, denn am Ende ist die Frage eben doch, wie man Treue definiert. Hält man's wie die Prostituierten und verweigert den Kuss auf den Mund? Darf man als gebundene Lesbe noch sagen: Julia Roberts würde ich nicht von der Bettkante stoßen? Beichtet man einen sexuellen Traum? Ist fremdverlieben genau so gewichtig wie fremdficken oder gewichtiger noch? Weiß der Kuckuck, aber davon hängt ab, wie treu der Homo ist. Stellen Sie sich einen Park voll mit sexwilligen Frauen, Frauen, die nur Spaß und kein Geld *dafür* verlangen, vor. Er wäre voll von herumschleichenden heterosexuellen Männern, die ihren Frauen zu Hause unter diesen Bedingungen nicht treu bleiben können. Will sagen: Gelegenheit macht Diebe. Will sagen: Untreue ist kein homosexuelles Phänomen. Eine Quelle dazu besagt: 76 % aller Heteromänner wären untreu.

»Wahre Lesben«

In einem Internetforum las ich Folgendes:

Meine Tante versucht mir grad am Telefon einzureden, dass »wahre Lesben« schon von Geburt an lesbisch sind und nie etwas mit einem Mann haben ... und alle anderen sind nicht wirklich lesbisch, das liegt tieeeef im Unterbewusstsein.

Daraufhin haben sich wahre und unwahre Lesben zu Wort gemeldet. Einige Antworten, Gedanken, Meinungen und Hinweise sollen hier vorgestellt werden, denn vielleicht sind Sie ja auch solch eine Tante und warten auf eine Antwort.

Die liebe Familie ...

Besser spät, als nie ...

Die Hilflosigkeit einiger Menschen nimmt manchmal wahrlich seltsame Züge an.

Finde dich halt damit ab – du bist 'ne falsche Lesbe!

Glück gehabt ... bin 'ne richtige Lesbe. Dafür bin ich aber eine von den ekligen Mannsweiber-Lesben, die den Ruf der femininen Lesben in den Dreck ziehen ...

Ich bin verunsichert ...

Ich bin auch keine richtige Lesbe, aber wenn die Familie das so sagt, dann muss man sich damit abfinden.

Immer schön auf Durchzug schalten ...

Wenn ich sage, dass ich meine Hebamme sexuell anregend fand, als ich auf die Welt kam, bin ich dann richtig???

Aber hallo, das ist ultimativ ... Ich kann nur mit 2. Schulklasse dienen ... Bin halt Spätentwickler ...

Ist deine Tante meine Mutter???

S*, jetzt bin ich also keine richtige Lesbe. Bi sein will ich auch nicht, was mach ich jetzt? Gibt's da noch 'ne Schublade für mich?

Besser ne falsche Lesbe als gar keine!!! Meine Mutter ist der Meinung, je dekadenter eine Gesellschaft wird, desto mehr Homosexuelle gibt es, bis sie dann irgendwann wegen Unterbevölkerung untergeht! Was glaubt ihr, warum das Römische Reich untergegangen ist???

Vielleicht reichen die Schubladen in unserer Gesellschaft immer noch nicht, oder nicht mehr aus. Wie wär's mit diesen: lesbisch geboren, lesbisch lebend, ach ja, und dann gibt es vielleicht auch noch lesbisch träumend.

Deine Tante is doof ...

Alle sind doof ...

Schubladen: Übergangslesbe, Pseudolesbe, Notfalllesbe ...

Wenn du nicht aus dem Geburtskanal mit lesbischer Gewissheit gerutscht bist – tja, leider keine wahre Lesbe. Aber mal eine andere Frage: Glaubt ihr, dass Anne Will frigide ist? Irgendwie wirkt sie immer so unterkühlt und gefühllos in den Tagesthemen, so dass ich mal vermuten würde, dass sie auch im Bett eine Eisprinzessin ist ...

Oder eher morbide?

Masturbieren auch Sie für Anne Wills Freiheit!

Ich bin nur stupide!

Intoleranz

Minderheiten erwarten im Allgemeinen Toleranz oder sogar Akzeptanz ihrer Andersartigkeit gegenüber der Masse (neudeutsch: mainstream), und das dürfen sie wohl auch. Doch sind sie, nur weil sie diese ehrwürdigen Tugenden erwarten, die besseren Menschen, und selbst klug, tolerant und weltgewandt? Leider nein. Man höre und staune: Homosexuelle sind ebenso intolerant/tolerant wie der Rest der Menschheit. Vielleicht haben sie einen Tick mehr Gespür für Diskriminierungen und Ungerechtigkeiten und einen Funken mehr Verständnis für Leute, die anders sind, als der Großteil, aber auch in schwulen Kontaktanzeigen bekommt man zu lesen: *Suche hübschen schwarzen Schwanz* oder: *Auch Ausländer angenehm.*

__ Man möge es kaum glauben, aber vor allem bei der sexuellen Orientierung versteht der eine oder andere Homosexuelle keinen Spaß. Bisexuelle zum Beispiel stoßen in der Homoszene auf gnadenloses Unverständnis. Hat sich erst einmal jemand zur Homofront gesellt, sollte ihm oder ihr nie wieder einfallen, ein heterosexuelles Gefühl aufkommen zu lassen. Eindeutigkeit ist den Lesben und Schwulen diesbezüglich sehr wichtig. Gerne unterstellen sie den Zurückläufern, dass sie es sich nur einfach machen wollen, dem Druck nicht standhalten, einen verachtenswert instabilen Charakter besitzen. Auch die, die im Glashaus sitzen, werfen mit Steinen. Sie bewerfen sich sogar gegenseitig mit Steinen. In der Lesbenszene gibt es zum Beispiel die Femme- und die Butchfraktion; die, die sagen: *Ich verstehe die Lesben nicht, die sich mit Frauen zusammentun, die mehr Mann und Macho sind, als mein heterosexueller Bruder,* und die, die sagen: *Diese lesbischen Tussen mit den langen Haaren, die machen doch nur eine Mode mit, das ist eine Phase bei denen, die denken, sie sind was Besseres – und lesbisch sind die nie im Leben.*

__ In der Schwulenszene haben es vor allem ältere Herren schwer, akzeptiert zu werden. Und wenn ein Vierzigjähriger auch noch aussieht wie ein Vierzigjähriger und keine Turnschuhe trägt, die gerade unter den 19-jährigen angesagt sind, dann hat er es doppelt und dreifach schwer. *Hast du einen kleinen Bauch, Geheimratsecken oder einen behaarten Rücken – forget about it,* sagte ein schwuler Freund. *Mit 26 gehörst du zum alten Eisen. Blödsinn,* sagen wir, *du eitles Ding.* Er: *Ich kann es beweisen.* Zum Beweis setzte er sein Foto ins schwule Einwohnermeldeamt *Gayromeo.* Er ist ein recht ansprechender Typ, aber bereits Ende 20 und mit ein oder zwei Pölsterchen um die Hüften, aber nicht mehr. Wir warteten und warteten – es passierte nichts. Dann fügte er seinem Profil das Foto seines 17-jährigen Cousins bei – und bling, bling, bling flogen innerhalb einer halben Minute sieben Nachrichten in den Posteingang seiner Mailbox.

__ Intoleranz beherrscht die Homowelt, wo man hinhört und hinschaut. Einige Homosexuelle erwarten von ihren *Parteigenossen* Interesse für Parteibelange und Anwesenheit bei Parteisitzungen, andere erwarten, dass man sie mit all dem Kram in Ruhe lässt. Beide Fraktionen sind dahingehend recht intolerant. Szenegänger sind bescheuert und arme Würstchen; Nicht-Szenegängern fehlt ein unabdingbares Wir-Gefühl, und sie wissen nicht zu schätzen, was die engagierte Szene für sie getan und erreicht hat.

_ Einige Lesben bestehen darauf, dass man statt man frau sagt und finden es unerhört, wenn eine Lesbe diesem Wunsch nicht nachkommen mag, und die, die dem Wunsch nicht nachkommen mag, die sollten Sie mal hören, mit wie viel Verachtung sie sagt: *Albern, dass man frau sagen soll!*

_ Und Sie sollten hören, mit wieviel tiefster Verachtung eine Tunte sagen kann: *Kuck mal, wie schwul der ist. Warum müssen Schwule ihre sexuellen Präferenzen immer auf einem Silbertablettchen präsentieren. Jetzt denken alle Heten wieder, wir sind alle so – so – etepetete, heitideiti. Ich lass mir das nicht anmerken. Ich bin gaaanz normal.*

Ich habe schlicht die Erfahrung gemacht, dass Leute mit höherer Bildung und besserem Einkommen toleranter sind.

MAGDA AUS POLEN, DIE IHREN NACHNAMEN NICHT VERRÄT.

Angst

Neben den Ängsten, mit denen wir es alle gleichermaßen zu tun haben (Verlust-, Versagens-, Todesangst etc.) existieren so genannte gruppenspezifische Ängste. So haben Sportler Angst vor Verletzungen, Gläubige vor dem Sündigen, Junkies vor Stoffmangel, Philologen vor einem Wohnungsbrand, Heteros vor dem Schwulwerden – endlos ist die Möglichkeit der Rudelbildung und die Liste ihrer gruppenspezifischen Ängste. Auch Homos haben ihre eigenen Ängste, denen sie mehr oder weniger begegnen, von denen sie mehr oder weniger in Ruhe gelassen werden. Hier sind die Top Ten in loser Reihenfolge:

AIDS
Coming Out/In
Altern
Kinderlosigkeit
Mobbing
Gewalttätige Übergriffe
Einsamkeit
Ablehnung
Verlust der Besonderheit
Die Angst vor der Angst

Das schwule Internet

Es beginnt zum Beispiel so: Er sitzt in Unterhose und T-Shirt auf dem Sofa, vor sich ein halbvoller Aschenbecher, daneben ein alter Rotwein. Er blättert in der *Männer aktuell* oder in der *DU und ICH*. Da stehts: Wähle 01904446666 für Gays aus deiner Umgebung. Er tuts. Er wählt. *Dieser Anruf kostet dich nach dem Signalton 49 Cent.* Nachdem er seinen Namen und sein Alter aufs Band gesprochen hat, wird er ins Karussell geleitet, wo die bunten Zirkuspferdchen mit Puschel schon warten. Er kann sich jetzt anhören, was die Gays aus seiner Umgebung zu sagen haben, und wenn ihm einer gefällt, drückt er die 1 und

Insider

ist sofort verbunden, oder er drückt die 2 und hinterlässt eine Nachricht.

__ Hi, bin 26, 1,80 und suche im Raum HH eine geile Stute … piep … Meister sucht Sklave … piep … ohhh ahhh mhhh … piep … Hallo? Hallo? Dennis hier, 14 Jahre, suche einen Daddy ab 67 … piep …bin hier gerade auf der A20 unterwegs. Wer hat Bock einen Fernfahrer jetzt einen zu … piep … ficke gerade meine Frau. Welcher Bi-Typ …

__ Er hört sich's eine Ewigkeit an, aber nein, nichts für ihn dabei. Für das Geld hätte er jetzt schon einen Callboy haben können, denkt er. Aber die Callboys sind auch nicht mehr das, was sie mal waren. Im Grunde holen sie nur ihr Geld ab, kann man froh sein, wenn sie die Hose runterlassen.

__ Also rein ins Netz. Super Auswahl. www.gaydar.de, www.homo.net, www.gaypeople.de, www.gayroyal.de, www.gay-chat.de, und last but not least das schwule Einwohnermeldeamt www.gayromeo.de. Hier sind ALLE! Mit Bild. Da weiß man, was man bekommt. Jedenfalls meistens. Es hat sich auch schon mal ein Ronny gerade 18 als Günter Ende

40 entpuppt. Zum Bild – mal über-, mal unterbelichtet, mal romantisch im Kornfeld mit einer Rübe in der Hand, mal an ein Küchengerät gekettet – gibt's alle anderen wichtigen Informationen – Schwanzlänge, Schwanzlänge vor allem, aber auch Wohnort, Gewicht, Vorlieben (dd = Dildo, ohne die drei b's bitte = bitte ohne Brille, Bart und Bauch, pp = mit Poppers, ff = Faustfick, av = aktiv, pv = passiv ...) und Absichten (Chat, Date, Beziehung). Einfach nur auf einen Kaffee treffen und quatschen? Selten.

__ Bei den Lesben ist das anders – ein Sexdate über www.lesarion.de ohne Kaffee und Gequatsche? Nie! Neben den Fotos und den persönlichen Angaben kann er sich auch die Userbewertungen ansehen. Es gibt Punkte für die sexuellen Qualitäten. Er klickt sich noch eine Weile durch die verschiedenen Chaträume – Muskel, Bi, Teens, Black, Transen, Dick, Socks ... Er loggt sich in den Livechat ein. Hier sind 39 Chatter, die alle durcheinander sprechen:

... hi, suche jetzt, live, sofort

... jemand hier aus Lüneburg?

... hi, Keule 23, auch wieder hier? Grüsse dich. Werde nachher noch ins Hin & Her gehen.

... keiner der live will?

... doch aber nicht mit dir. Hehe.

... Achtung. Bommel 15 ist ein Faker, hat mich verarscht und vor der Bahnhoftoilette stehen lassen. ist nicht gekommen. Also Achtung, ist echt ein Faker.

... hi Frank, werd auch kommen. Gruss Keule.

...dumm di dumm

Das kommt ihm heute alles so platt vor, irgendwie. Er trinkt den Wein und geht ins Bett. Im Bett holt er sich einen runter. Und wegen diesem Löffel voll Sperma der ganze Stress?, denkt er.

Wo genau liegt Lesbos?

Lesbos ist mehr als nur die drittgrößte griechische Insel im Ägäischen Meer. Verschont von den großen Tourismusströmen entfaltet sie ihren Esprit nahe der Türkei. Bis in die Großstadt Athen müssen in etwa 80 Kilometer südwestlich zurückgelegt werden, hingegen sind es gute 1350 Kilometer nordwestlich bis nach Klagenfurt.

__ Auf einer Fläche von 1630 km² finden sich endlos dahinziehende Olivenhaine, dichte Kiefernwälder, Sandstrände, einsame Kloster, gewachsene Dörfer, versteinerte Bäume, Ouzo und Sardellen. Von den 104 620 Einwohnern wird dieses Wunder der Natur fast nur Mitilini genannt. Berge und Wasser prägen das Landschaftsbild der Insel, deren berühmteste Einwohnerin vor ca. 2600 Jahren auf den Namen Sappho hörte. Unbeschwerten Badespass kann man unter anderem am Strand von Petra erleben. Sehenswert in Petra ist zudem eine Privatsammlung des naiven Malers Theophilos, heißt es in Reiseführern. Touristenberichte:

> *Die Hauptstadt Mitilini erstreckt sich entlang der Küste, im Halbrund den mit Kiefern bestandenen Hügel hinaufkletternd, der von einer gewaltigen Burganlage gekrönt ist.*

*Viele Lokale, in denen ich während meiner Aufenthalte auf
der Insel öfter war, hatten am letzten Tag Abschiedsgeschenke.
Ein kleines Fläschlein Ouzo hier, die passenden Gläser da.
Am rührendsten war der Wirt der Strandbar Acapoulco in
Anaxos, er schenkte mir zum Abschied seine Lieblings-CD.*

*Das wichtigste Dorf im Zentrum der Insel ist Agiassos am Hang
des Olymp (967 m), das inmitten mächtiger Kastanien und
Platanen fast verschwindet. Ein ausgesprochen schönes Dorf
mit seinen kopfsteingepflasterten Gassen und den verglasten
Holzveranden voller blühender Blumen und Kräuterpflanzen.*

Party ist hier nicht angesagt.

*Auch, wenn ich ‚nur' Tourist bin, konnten sich die Menschen,
die ich im letzten Jahr kennen gelernt habe, gleich an mich
erinnern und kamen auf mich zu, begrüßten mich wie einen
alten Freund. Einige sprachen mich sogar mit dem Namen an.*

Wenn auch Sie mit Ihrem Namen angesprochen werden und vielleicht der Insel einen Besuch abstatten wollen, der ihre homosexuelle Tochter den Begriff für ihre sexuelle Gesinnung verdankt, lassen Sie sich doch nach Lesbos entführen!

Farben und Symbole

Kein aufrichtiger Mensch, keine stilbewusste schwule Person, würde all diese Farben auf einer Flagge zusammenschmeißen, das sieht scheußlich aus.

RUFUS WAINWRIGHT

Gerne wird die Farbe Rosa mit Homosexualität in Verbindung gebracht. Aber auch alle anderen Farben kommen in der homosexuellen Szene nicht zu kurz. Zum Beispiel werden sie von den Schwulen zur Kenntlichmachung der sexuellen Vorlieben verbraten. Man nehme ein Tuch, eine Farbe, eine Hose, einen Hintern – fertig ist der so genannte Hanky Code. Der Hanky Code gleicht einer Menukarte, der man vorweg entnehmen kann, was es am Abend geben wird. Praktisch für den einen, langweilig für den anderen.

_ Das Tuch links getragen bedeutet: Ich werde den aktiven Part übernehmen. Lugt es hingegen aus der rechten Gesäßtasche, bleibt man lieber passiv.

Weiß – Masturbation
Pink – Sexspielzeug
Senfgelb – großer Penis
Himmelblau – Oralverkehr
Marineblau – Analverkehr
Grau – Fesselspiele
Schwarz – S/M
Rot – Fisting (Faustverkehr)
Gelb – Urophilie
(auch bekannt unter: Natursekt)
Braun – Koprophilie (oder: Kaviar)
Olivgrün – Rollenspiel (Offizier/Rekrut)
Waldgrün – Rollenspiel
(Vater/Sohn oder: suche jünger/älter)

Besonders farbig ist auch die homosexuelle Flagge, die Regenbogenfahne, die 1978 von Gilbert Baker in San Francisco kreiert wurde. Hatte sie damals noch acht Farben aufzuweisen, sind es heute nur noch sechs bunte Streifen, die folgende Messages vereinen:

Rot – Leben; Orange – Gesundheit; Gelb – Sonne;
Grün – Harmonie und Natur; Blau – Kunst; Violett – Geist

Neben der Regenbogenfahne existiert noch die Leather Pride Flag, die erstmals 1989 gehisst und zum Identifikationsmerkmal der Leder-, Jeans-, S/M-, Bondage- und Uniformszene wurde.

Schwarz – S/M Anhänger
Blau – Jeansboys
Weiß – Solidarität mit den Novizen der S/M Szene

Das Herz in der oberen Ecke bedeutet, dass S/M nichts mit Gewalt zu tun hat. Gäbe es noch die Bärenfahne, die sich in Europa mehr und mehr durchsetzt. Sie zeigt verschiedene Brauntöne, die die verschiedenen Farben von Bärenfellen symbolisieren. Jeder ist anders, könnte eine der Aussagen sein.
__ Aber nicht nur per Fahne geben wir uns zu erkennen. Vielleicht erinnern Sie sich noch an den Spruch: Links cool, rechts schwul, der seit den Achtzigern die Runde macht? Männer, die den Ohrring rechts tragen, sind demnach alle schwul, die, die ihn links tragen sind alle hetero, und die, die sich in beide Ohrläppchen was reinstecken sind bi oder Frauen – so einfach ist das.
__ Red Ribbon ist eine rote Stoffschleife, die gehäuft am 1. Dezember an Rucksäcken und Jacketts auftaucht, aber auch davor und danach nicht gänzlich verschwindet. Sie drückt Solidarität mit AIDS-Kranken und HIV-Positiven aus.
__ Der Rosa Winkel ist ein Symbol der langen Unterdrückungsgeschichte. Ihn mussten die Homosexuellen im KZ tragen.

__ Zwei miteinander verbundene Zeichen für weiblich oder männlich stehen für lesbisch oder schwul.
__ Bleibt noch einen Klassiker der Lesbenszene vorzustellen. Begegnen Sie einer Frau, an der irgendwo eine Doppelaxt baumelt, ohne dass sie in einem forstwirtschaftlichen Betrieb tätig ist, handelt es sich zu 99 % um eine lesbische Mitbürgerin. Die Doppelaxt ist die Waffe der Amazonen, jener sagenumwobenen Frauengemeinde, die ohne Männer lebte.

Stars und Sternchen

Ob sich Promis das Wort Mistgabel auf den Unterarm tätowieren lassen oder ihre Ehepartner windelweich schlagen, besoffen in einen Graben fallen oder halbverhungerte Kätzchen retten – die Leute interessiert's. Ob und wann der Stefan die Stefanie heiratet, die Reni den Otti zurücknimmt – alles eine Schlagzeile wert. Besonders viel wert sind homosexuelle Coming Outs. Einige Promis lassen sich dazu hinreißen, andere basteln sich Schlagzeilen *Ich will als Bic Mac wiedergeboren werden,* die von ihrer Homosexualität ablenken sollen. Von manchen Promis weiß man's, bei anderen ahnt man's, von wieder anderen will man es nicht hören.

__ Viele Promis outen sich nicht, um nicht immer und überall DER SCHWULE oder DIE LESBE zu sein, sondern einen Namen zu besitzen, der an irgendwelche Filme, TV-Sender, Songs oder Shows erinnert. Es gibt ein Buch, das heißt OUT – 800 berühmte Homo- und Bisexuelle. Dort findet man Namen, die man nicht zu finden glaubte. Gaystation.info liefert 1400 prominente Schwule/Lesben/Bisexuelle. Hier soll nur eine kleine Auswahl von geouteten Promis erfolgen:

LESBISCH/SCHWUL/BI

Jodie Foster, Vera Int-Veen (zu ihrem Coming Out gab es Dutzende Kommentare im Netz: *Von mir aus kann sie ihren Toaster heiraten …, Schade, ich glaube, sie wäre eine gute Mutter …, komisch, noch vor ein paar Jahren rekelte sie sich lasziv in einem Bett und erzählte der Zeitung, dass sie sich gern mal nen Kerl mit nach Hause nimmt …*), Drew Barrymoore, Alfred Biolek, Angelina Jolie, Maren Kroymann, Gustav Gründgens, Erika-Klaus-Thomas Mann, Greta Garbo, Rio Reiser, Tracy Chapman, Inge Meisel, Rex Gildo, Tschaikowsky, Jimmy Sommerville, Gitte Haenning, Madonna, Truman Capote, Janis Joplin, Carson McCullers, Wer-die-Nachtigall-stört-Harper Lee, Gianna Nannini, Chopin, Rock Hudson, Anne Heche, Freddy Quinn, Sara Gilbert (Darleen aus *Roseanne*), Cyntia Nixon (Miranda aus *Sex and the City*) und Portia de Rossi (aus *Ally McBeal*), Ernie und Bert (aus der Sesamstraße).

Altsein

Die heutigen Senioren haben den jungen Homos den Weg für ein selbstbewusstes Auftreten und freieres Leben geebnet, von dem sie selbst in ihrer Jugend noch Lichtjahre entfernt waren. Sie sind in einer Zeit groß geworden, in der Homosexuelle mit strafrechtlicher Verfolgung und gesellschaftlicher Ächtung zu rechnen hatten. Geprägt durch den Zwang, sich verstecken zu müssen, fällt es vielen auch heute noch besonders schwer, zu ihrer Homosexualität zu stehen und öffentlich aufzutreten. Während sich die Jugend in Diskos und Saunen um Kopf und Kragen tanzt bzw. schwitzt, verbringen sie ihr Leben zum Teil recht zurückgezogen.

__ Genauere Untersuchungen zum Thema Homosexualität im Alter gibt es erst seit den 70ern. Während in den 60ern gealterte Homosexuelle noch nahezu gänzlich als depressiv, einsam und isoliert galten, war in den 80ern plötzlich von glücklichen bis sehr glücklichen Homos im fortgeschrittenen Alter die Rede. Es hieß, sie hätten bereits früh gelernt, mit Problemen und Konflikten umzugehen, daher würden sie sich souveräner durch die Problemwelt des Alterns boxen. Allerdings ist eben die homosexuelle Seniorengeneration den Konflikten und Problemen, mehr oder minder gezwungenermaßen, aus dem Weg gegangen. Sie haben sich nicht geoutet und nicht über ihre Lebensweise geredet oder nicht reden können.

__ Heute jedenfalls liegt die Wahrheit wahrscheinlich zwischen den 60ern und den 80ern. Die einen älteren homosexuellen Herrschaften genießen die heutige Zeit, in der viele offener und toleranter mit dem Thema Homosexualität umgehen können, den anderen steckt die Geschichte noch zu sehr in den Knochen. Einer Studie aus dem Jahr 2002 zufolge soll knapp die Hälfte der schwulen Männer über 55 isoliert leben. Eine andere Untersuchung ergab, 33 % leben noch versteckt, 43 % haben einen Partner, 29 % waren verheiratet, 33 % haben Kinder, 22 % fühlen sich in der Szene isoliert. Dem letzteren sei hinzugefügt: Schwulsein im Alter fängt in der Homoszene bereits ab 35 an. Schwule über 40 zählen sich längst zum alten Eisen und haben es äußerst schwer in der Jugend- und Körperkult zelebrierenden Szene zu bestehen. Jedenfalls ist das der subjektive Eindruck vieler Schwuler ab 40.

__ Mindestens ebenso schwer, wenn nicht noch viel schwerer, haben es die, die noch ein paar Jährchen älter sind und in einer anderen Szene bestehen wollen – der Altenheimszene. Leider ist es heutzutage noch so, dass das Pflegepersonal schlecht im Umgang mit Homosexualität ausgebildet ist. Viele wissen mit den Homos überhaupt nicht umzugehen. Nicht selten wird Schwulen ausdrücklich Männerbesuch verboten, um keine durch Aufregung angezettelten Herzinfarkte der anderen Bewohner zu riskieren. Aber nicht nur das Pflegepersonal ist oft mit homosexuellen Klienten überfordert, auch die Homos selbst fühlen sich mit ihren gleichaltrigen Heterokompagnons nicht besonders wohl. Schließlich sind auch die in der Zeit groß geworden, in der *die vom anderen Ufer* als *geisteskrank* galten. Schließlich gibt es unter ihren Co-Senioren zahlreiche, die die Homos noch vor fünfzig Jahren in den Knast gesteckt hätten. Und schließlich gibt es bei den typischen Seniorenunterhaltungen wenige Schnittmengen, wenn man keine Fotos von Kindern und Enkelkindern vorzuweisen hat. Die Homos in den Altenheimen finden in der Regel wenige Gesprächspartner, denen sie nichts zu erklären brauchen, denen sie ungezwungen von ihrem Leben, inklusive der amourösen Beziehungen, erzählen können. Dementsprechend belastet ist das Verhältnis von Homo-alt und Hetero-alt.

__ In einigen Großstädten gibt es inzwischen Altenheime für Homosexuelle, Seniorenfreizeitangebote für Homosexuelle oder auch Pflegedienste mit entsprechend ausgebildetem Fachpersonal für Homosexuelle, aber die wenigsten können sich diesen Homo-Großstadtluxus leisten, abgesehen davon, dass nicht alle in Köln oder Berlin leben, und nicht wenige Senioren haben Skrupel, so ein Angebot wahrzunehmen, zumal viele von ihnen nicht mal das Wort schwul oder lesbisch in den Mund nehmen können. Man begegnet nicht selten einer lesbischen Seniorin, die ihre Lebensgefährtin noch immer als beste Freundin oder Schwester ausgibt. Man begegnet auch dem schwulen Senioren, der noch immer behauptet, er würde sich um einen Arbeitskollegen kümmern, obwohl der Arbeitskollege seit 40 Jahren Bett und Tisch mit ihm teilt.

__ Es gibt etliche Dinge, die den Alltag von älteren Schwulen und Lesben begleiten. Bei vielen ist es zum Beispiel die stinknormale Angst, zu Routineuntersuchungen zu gehen, weil sie sich vor den intimen Fragen fürchten.

__ Homosexuelle können auf den Alltag des Alters aber auch bestens vorbereitet sein, indem sie sich früh von der Rollenverteilung verabschiedet haben und nicht wie viele gealterte Heterosexuelle nach dem Verlust des Partners/der Partnerin dem Leben hilflos gegenüberstehen. Vielen Homosexuellen, auch den Damen, geht es durch ein eigenes Einkommen finanziell gut.

Und wie sieht das Verhältnis von Homo-alt und Homo-jung aus? Gibt es ein Miteinander der Generationen oder greift auch hier der altbewährte Generationenkonflikt?

__ Bestimmt gibt es einen lesbischen Skatstammtisch von 17 bis 77 und einen schwulen Lesezirkel von 9 bis 99. Wir sind ganz sicher. Ganz bestimmt. Und ja, in Schwulenmagazinen werden immer nur die schlanken, schönen und vor allem jungen Menschen gezeigt – ähnliches erfährt der Normalo-Hetero allerdings auch, wenn er seine TV-Zeitschrift durchblättert.

Die Kinsey-Skala

1948 verfasste der Amerikaner McKinsey sein Buch *Das sexuelle Verhalten des Mannes* und ließ die Welt an erstaunlichen Prozentsätzen teilhaben.

- ca. 30 % aller Männer hatten sexuellen Kontakt mit dem gleichen Geschlecht
- 10 % der Männer hatten zwischen 16 und 55 Jahren überwiegend homosexuelle Kontakte und
- 8 % hatten in diesem Zeitraum eine mindestens dreijährige *ausschließlich* homosexuelle Phase;
- 62–79 % aller Männer, die sich selbst als homosexuell bezeichneten, hatten Geschlechtsverkehr mit einer Frau;
- 37 % der verheirateten Männer hatten außerehelichen Sex, davon 10 % auch homosexuellen.

Kinsey lieferte zudem die Erklärung für die Schwachsinnigkeit der Menschheit, denn er fand heraus, dass 90 % der Bevölkerung onanieren. Wie man weiß, galt die Masturbation lange Zeit als Grund für diverse Krankheiten, z. B. pubertäre Unreinheit, Sehschwäche, Impotenz, Tuberkulose, *Irrsinn* usw.
__ Für den Fall, dass man das Bedürfnis verspürt, sich auf einer Richterskala einzuordnen, hat Kinsey folgende Kinsey-Skala entwickelt, an der man vor allem ablesen kann, dass es zwischen der Null und der Sechs noch fünf andere Ziffern gibt:

0) ausschließlich heterosexuell
1) überwiegende heterosexuell mit gelegentlichen homosexuellen Gefühlen oder Verhaltensweisen
2) hauptsächlich heterosexuell, mit etwas homosexueller Neigung oder Erfahrung
3) zu gleichen Teilen homosexuell und heterosexuell
4) hauptsächlich homosexuell, mit etwas heterosexueller Erfahrung oder Neigung

5) überwiegend homosexuell mit gelegentlichen heterosexuellen Verhaltensweisen oder Gefühlen
6) ausschließlich homosexuell

§ 175

Vielleicht hat Ihnen schon mal jemand zugeflüstert: *Das da vorne ist ein 175er.* Und beim Anblick des *Davornes* haben Sie sich vielleicht denken können, dass die Zahl 175 irgendetwas mit Homosexualität zu tun haben könnte. Dem ist auch so. Von 1871 bis 1994 existierte der Paragraph 175 in diversen Fassungen, der sexuelle Handlungen zwischen männlichen Personen (zu Beginn auch die *widernatürliche Unzucht mit Tieren*) unter Strafe stellte. Daher trägt der Paragraph 175 auch den Beinamen Schwulenparagraph. Er sah ausdrücklich die Bestrafung von Männern vor. Da weibliche Sexualität in der Geschichte nie besonders ernst genommen wurde, wurde auch weibliche Homosexualität weitestgehend ignoriert oder versucht totzuschweigen.

__ 1935 wurde der Paragraph von den Nationalsozialisten verschärft, das Strafmaß angehoben. 1969 und 1973 erfolgten Reformen des Paragraphen, wonach nur noch homosexuelle Handlungen mit Jugendlichen unter 18 Jahren geahndet wurden. Erst 1994 wurde der Paragraph aufgehoben.

__ Die DDR übernahm in den 50ern die ursprüngliche Fassung. Am Ende der 50er wurden homosexuelle Handlungen zwischen Erwachsenen nicht mehr verfolgt. Als die DDR Ende der 60er ein eigenes Strafgesetzbuch erhielt, stellte der Paragraph 151 homosexuelle Handlungen mit Jugendlichen für Frauen und Männer unter Strafe. Zwanzig Jahre später wurde der Paragraph gestrichen.

__ Unter den Nazis wurden etwa 50 000 Männer auf Grundlage des Paragraphen 175 verurteilt. Etliche wurden deportiert, andere ließen sich zwangskastrieren, um der Deportation zu entgehen.

Was meinen wir, wenn wir sagen ...

... wir wollen heiraten

Wenn Sie das Wort Homo-Ehe hören, versuchen Sie sich dann vorzustellen, wie das vor dem Traualtar gegebenenfalls aussieht? Zwei Männer im Anzug, der eine in schwarz, der andere in weiß? Zwei Frauen, die eine im Kleid, die andere im Frack? Was auch immer Homosexuelle zu ihrer Hochzeit tragen, jedenfalls muss sich zum Beispiel niemand mehr Gedanken darüber machen, wie er/sie im ernsten Krankheitsfall ihres Partners/ihrer Partnerin zu einer Auskunft über den Gesundheitszustand gelangt, oder wie ein gemeinsamer Anspruch auf ein gemeinsam erwirtschaftetes Haus oder gemeinsam großgezogene Kinder rechtlich zu regeln sein könnte.

__ Vorreiter waren die skandinavischen Länder, insbesondere Dänemark, wo die Homo-Ehe schon 1989 eingeführt wurde. In Deutschland setzte sich vor allem Volker Beck von den Grünen für die Homo-Ehe ein. Hamburg war das erste Bundesland, in dem sich gleichgeschlechtliche Paare das Ja-Wort geben durften. Hamburger-Ehe nannte man dieses Modell damals noch. Seit 2001 meinen wir in Deutschland offiziell das Lebenspartnerschaftsgesetz (LPartG), wenn wir sagen: Wir wollen heiraten. Eine Ehe, die der heterosexuellen Ehe in nichts nachsteht, gibt es bisher nur in den Niederlanden und Belgien. Wenn wir sagen, wir wollen heiraten, bedeutet das, dass wir uns für unsere Beziehung bisher

- eine Verpflichtung zur gemeinsamen Lebensführung
- ein kleines Sorgerecht bei Kindern des Partners/der Partnerin
- die Möglichkeit der Stiefkindadoption
- die Unterhaltspflicht
- das Erbrecht
- die Witwenrente
- hin und wieder auch einen gemeinsamen Familiennamen
- den Angehörigenstatus und damit auch umfassende Zeugnisverweigerungs- und Auskunftsrechte
- und die Schaffung von Verwandtschaftsverhältnissen (Schwiegereltern, Schwägerschaft)

wünschen dürfen. Denn das bietet das LPartG nach Überarbeitung und Erweiterung seit 2005. Der Heirat kann sogar ein Verlöbnis vorausgehen, dafür werden, im Gegensatz zur Ehe, z. B. keine Rechte aus den

Bereichen Steuerrecht und Beamtenrecht gewährt. Das sollte 2006 noch einmal nachgebessert werden, kam durch die vorgezogenen Bundestagswahl allerdings nicht mehr zustande.
__ Sieben *gute Gründe,* die Die Grünen für das Lebenspartnerschaftsgesetz angeben sind:

– Verantwortung in der Gesellschaft stärken
– Diskriminierung abbauen
– Gerechtigkeit schaffen
– Grundrechte verwirklichen
– Integration fördern
– Anschluss an Europa finden
– Weltoffenheit und Toleranz befördern.

Wem *Verantwortung in der Gesellschaft stärken* oder *Anschluss an Europa finden* zu abstrakt ist, der erfährt Genaueres auf der Internetseite der Grünen.
__ *Sieben gute Gründe* reichen noch nicht in jedem Land aus, um eine homosexuelle Partnerschaft mit Rechten und Pflichten zu versorgen. Einige Heterosexuelle sind gegen die Ehe, gegen die Ehe im Allgemeinen und insbesondere gegen die Homo-Ehe.
__ Einige Homosexuelle sind auch gegen die Ehe, gegen die Ehe im Allgemeinen. Dabei machen sie zumeist keinen Unterschied, ob es sich dabei um die Ehe zwischen Jungen und Alten, Ehebrechern und Dünnen, Dummen und Gesunden, Schlauen und Kranken, Schwarzen und Rothaarigen, Bordellbesitzern und Gläubigen, Atheisten und Buddhisten, Räubern und Leseratten im Speziellen handelt.

... ihr seid wie wir

Wir sind uns ähnlicher als ihr denkt, lieber Hetero und liebe Hetera. Irgendwann passen uns allen die Hosen nicht mehr, uns allen ist im unpassendsten Moment das Klopapier ausgegangen, auch ihr habt mal (mehr oder weniger aus Versehen) bei *I will survive* die Arme in die

Luft gerissen, auch ihr habt darüber nachgedacht, ob Analsex für euch in Frage kommt, ihr habt schon mal zuviel gefressen, zuviel getrunken, nicht genug geschlafen, seid verlassen worden, habt jemanden über's Ohr gehauen, habt gelacht und geschimpft wie ein Rohrspatz, ihr wart erkältet wie ein Schneemann, habt jemanden getroffen, den ihr vom Fleck weg geheiratet hättet, wenn ihr Schissbüchsen keinen Schiss in der Büchs gehabt hättet, auch ihr Heteros wisst wohl, wie die Liebe einen wahnsinnig machen kann, in jeder Hinsicht, Aspirin hat an irgendeinem Morgen auch euer Leben gerettet, wir alle wären gern hin und wieder Rumpelstilzchen, um uns in die Erde stampfen zu können, wir alle haben keine Lust und dann wieder doch, auch euch drückt der Schuh, auch ihr seid traurig, wenn die Liebe nicht kommt, nicht bleibt oder nicht wieder geht (manchmal), auch ihr müsst euch für irgendeinen Schwachsinn rechtfertigen und wollt euren Eltern gefallen, müsst Blähungen im Theater aushalten, manchmal lächeln, wenn ihr kotzen möchtet und niemals wieder aufstehen, wenn ihr hingefallen seid, auch ihr habt Angst und seid tot zuletzt.

... der Papst ist doof

Ach kommt, natürlich ist der Papst doof, wenn er in Zeiten von AIDS gegen Kondome wettert. Und er ist auch doof, wenn er 2005 dafür appelliert: *Bedingungen zu schaffen, die dazu führen, dass Frauen ihre Pflichten in der Familie nicht vernachlässigen müssen, wenn sie einem Job nachgehen.* Dadurch erscheint er noch doofer als Eva Herman, die der Frau zumindestens nicht die Pflichten in der Familie *und* einen Job zumuten möchte. Doof ist auch zu sagen, Schwule und Lesben wären doof, weil sie gegen das Naturgesetz verstoßen und keine Kinder zeugen können oder *wollen*. Wie kann man so doof sein und so was sagen, wenn man selbst zölibatär lebt? Wir finden ihn besonders doof, weil er behauptet, wer sich für die Homo-Ehe ausspricht, der helfe bei der *Legalisierung des Bösen*. Es ist immer doof, anderen ein schlechtes Gewissen zu machen oder seine Macht auszunutzen oder anderen zu sagen, was richtig oder falsch ist. Alle wissen das, auch Frau Gabriele Wichert

(Vorsitzende des deutschen Kinderschutzbundes). Zitat: *Der spinnt, der Papst. Was er sagt, ist völlig lebensfremd.* Wer sich für unfehlbar hält, ist schon doof genug, der bräuchte doch Abtreibung eigentlich gar nicht mehr in inhaltliche Nähe zum Holocaust stellen, wie Johannes Paul II. Eine unglückliche Papst-Aussage reiht sich an die nächste. Und wenn er eben *nur ein alter Mann* ist, dem man das alles nachsehen sollte, dann muss eben eine junge Frau, die alle Sinne beieinander hat, Papst sein, eine bisexuelle Frau mit vier Kindern, die auf den Pressefotos ihre Instrumente in die Kamera halten, während Päpstin im Hintergrund am Klavier sitzt, vor der Bücherwand und bei Interviews fortwährend aus den Briefwechseln zwischen Simone de Beauvoir und Sartre zitiert. Ausgesprochen doof ist jedenfalls, sich so unchristlich zu verhalten und zu äußern, wenn man, vielleicht mehr als andere, am Ende erwartet, dass der Herr einen zu sich ruft. Wer andern eine Grube gräbt, fällt nämlich selbst hinein.

... wir sind eine Familie

Entgegen der Vermutung, dass Homos von sich als Familie sprechen, läge daran, dass sie in den allermeisten Fällen von ihrer echten Eltern-Geschwister-Familie verstoßen worden sind, oder daran, dass alle Schwulen tantenhaft und die Lesben liebe Onkel sind, oder daran, dass sich die Lesben und Schwulen geradezu inzestuös untereinander fortpflanzen, ist der wahre Grund doch viel nahe liegender: Wir leisten untereinander das, was eine Familie auch leistet. Erziehung, Prägung, Weitergabe von Erfahrungen und Werten, Ich-hab-dich-lieb, egal was du anstellst. Wir haben eine gemeinsame Geschichte. Einige Homos frühstücken zusammen, andere haben sich bis aufs Blut zerstritten, aber über allem schwebt immer das Familiengefühl: Wenn es hart auf hart kommt, kann ich zurück nach Hause, in den Homo-Schoß der Familie. Jemand wird sich um mich kümmern, weil ich ihm ähnlich bin, und er es deshalb nicht übers Herz bringt, mich vor die Tür zu setzen.

__ Und nun gibt es solche und solche. Solche, die sich lieber mit Freunden rumtreiben und nur bei besonders wichtigen Familienfesten aufkreuzen, oder wenn sie was wollen, und solche, die nichts auf die Verbundenheit des Familienclans kommen lassen und die Freunde innerhalb der Familie finden. Das sind die, über die sich einige Heteros wundern. Warum muss manch eine Lesbe in einen Lesbenchor und ein Schwuler unbedingt in einen schwulen Fußballverein? Weil es für die eine oder andere schön ist, wenn bei *Hello Josephine* alle Frauen das gleiche meinen, und weil es manch einem Schwulen auf die Dauer zu anstrengend ist, sich in der Umkleide irgendwelche Frauengeschichten aus dem Kreuz zu leiern.

__ Nun, andere Minderheiten nennen sich Club, Verein, Mannschaft oder Partei – wir haben uns mit dem Synonym Familie wunderbar arrangiert.

... typisch hetero

Was genau meinen Sie, wenn Sie sagen: *Das ist ja mal so ne richtige Schwuchtel.* Oder: *Meine Nachbarin? Na, das ist ne Bilderbuchlesbe.*
__ Sie versuchen sich mit Hilfe von Stereotypen die Sache zu erleichtern. Selbiges tun wir auch. Nur, dass Sie es wissen! Auch unter euch Heteros gibt es Bilderbuchheteros und so 'ne *richtigen* Heten, die sich mühelos in die Klischees vom Püppchen oder Macker pressen lassen. Wir finden diese Püppchen und Macker ebenso lächerlich wie sie uns. Wir äußern uns zuweilen abfällig über euch Klischeeheteros (die ihr mehrheitlich dieses Buch wohl nicht lest, so wie Bilderbuchlesben keine Gaby Hauptmann lesen). *Typisch hetero* kann mitunter ein Synonym für heterosexuelle BILD-Artikel wie dieser von 2006 sein: *Immer mehr Frauen sagen zu ihrem Mann: Tschüss Schatz, ich liebe jetzt eine Frau!* Mit der famosen Feststellung: *Und es gibt immer mehr Frauen, die ihren Partner für eine Frau verlassen. Weil sie sich unverstanden fühlen, zu oft enttäuscht wurden.*
__ Vereinfachend lässt sich sagen: Eine typische Hete ist all das, was für die typische Hete typisch schwul ist, zum Beispiel das Blättern in Modemagazinen, und ein typischer Hetero ist das, was seiner Meinung nach eine typische Lesbe ausmacht: Er trinkt zur Sportschau ein kühles Blondes.
__ Typisch typisch! So einfach ist das.

... dafür haben wir nicht gekämpft

1. Wir haben nicht dafür gekämpft, dass jetzt ein jeder, der was auf sich hält, Homosexualität für *no problem* erklärt, obwohl er verschämt oder auch angewidert zur Seite blickt, wenn sich zwei Männer auf den Mund küssen.

2. Wir haben nicht dafür gekämpft, dass aus dem CSD eine inhaltslose Sause wird, die all die Prolls dankend annehmen, um saufend durch die Straßen zu trampeln, in der Hoffnung am Abend von einem Lesbenpaar mitgenommen zu werden.

3. Auch haben wir nicht dafür gekämpft, den Nachnamen unseres Partners annehmen zu können, sondern dafür, dass unsere Partnerschaft die gleiche Akzeptanz erfährt wie eine heterosexuelle Partnerschaft.

4. Wir haben nicht dafür gekämpft, dass Omi sich am Abend über die schillernde Tunte im Fernsehen freut, sondern dafür, dass die schillernde Tunte für Omi auch nach der Show nicht *so ein Typ vom anderen Ufer ist,* der *bestimmt AIDS hat.*

5. Ein Antidiskriminierungsgesetz nützt auch nichts, solange Arbeitgebern, Vermietern, etc. immer wieder andere Ausreden einfallen, warum ein Homosexueller nicht in Frage kommt

To be continued

... einer muss den Anfang machen

Noch kein Anfang in Sicht, in einer der letzten schwulenfreien und -feindlichen Zonen. Schwulenfrei für alle, die Fußball und Schwulsein in ihrem kleinen Fußballhirn nicht unter einen Hut bekommen. Den cleveren Fans ist klar: ES MUSS SCHWULE FUßBALLPROFIS GEBEN! Und lasst es euch gesagt sein: Natürlich gibt es die; schwule Fußballprofis, denen unter größten Anstrengungen ein Doppelleben mit Frau und Kind konstruiert wird. Abgesehen von Corny Littmann gibt es nichts Schwules im Fußball. Es gab mal einen. Anfang der 90er bekannte sich der englische Fußballstar Justin Fashanu zu seiner Homosexualität und beging einige Jahre später Selbstmord, weil er dem öffentlichen Druck nicht standhalten konnte. Öffentliche Personen als schwul zu outen, wie es hin und wieder vorkommt, ist im Bereich Fußball lebensgefährlich. Also wird Corny Littmann nie und nimmer Namen nennen, wenn er von seinen sexuellen Abenteuern mit schwulen Fußballern berichtet. Heinz Bonn, der bis 1973 beim HSV spielte, war der einzige deutsche Fußballer in der jahrzehntelangen Bundesligageschichte, dessen Homosexualität bekannt war. Die Homosexualität einiger Spieler, laut Littmann auch von Nationalspielern, ist in der Szene natürlich teilweise bekannt. Aber jeder ist sich der großen Gefahr bewusst, die das Outen eines Spielers mit sich bringen kann. Selbst der *Spiegel* scheiterte bei seinen Recherchen über schwule Fußballprofis. Der DFB ist äußerst konservativ, und viele Fans sind äußerst intolerant, was Homosexualität betrifft – beide, DFB und Fans, haben das Sagen, und sie sagen: *Wir wollen keine Schwuchteln!*

__ Die Frage ist, ob sie auch keine Schwuchteln wollen, die uns zum Weltmeister machen könnten, denn dafür würde doch jeder Fußballfan seine Großmutter verkaufen. Daher wäre es schön, wenn mal so ein Nationalspieler zum Beispiel den Anfang machen würde, wenn er statt eines Aufrufs gegen Rassismus ins Mikrofon brüllte: *Ich bin schwul und das ist nun mal so.*

__ Beim Frauenfußball ist es anders. Da scheinen gleichgeschlechtliche Lebensformen wohl eher die Regel, darüber sprechen sollen die Damen trotzdem nicht. Und wer eine Idee hat, warum das so ist, der möge es jetzt sagen oder wird wahrscheinlich für immer schweigen.

Es gibt mehr schwule Fußballer als schwule Balletttänzer.

TAN SAGTÜRK

But I don't hide who I am any more. Everyone in the tennis world pretty much knows who's gay and who's not; the only reason I would like it spoken about publicly more is that I wish everybody would realise that. See all those people you admire?
Out of 10 of them, four are gay, and I just want you to know that your child can still idolise them.

RENNAE STUBBS

Das passiert, wenn ...

... die Homos aussterben

In diesem Kapitel möchten wir einmal ein Szenario skizzieren, das bei der plötzlichen Abwesenheit von Homosexuellen über die heterosexuelle Welt hereinbrechen könnte.

- Theater, Opern und Musicals hätten entschieden weniger Angestellte, demnach käme es zu einem enormen Einbruch an kulturellen Veranstaltungen.
- Die Hete Désirée Nick würde ihr Publikum verlieren und allein durch ihr Erscheinen gebührend an alle verlorenen Transen dieser Welt erinnern.
- Die Näherinnen von Dolce & Gabbana müssten Hartz IV beantragen.
- Kleine Hunde müssten aus den Tragetaschen heraus und wieder selber laufen.
- Einige Nachrichten könnten im Fernsehen nicht mehr verlesen werden oder die heterosexuellen NachrichtensprecherInnen schieben diverse Nachtschichten ein.
- Kaufhäuser wie das *KaDeWe* gingen pleite, Straßen wie *die Lange Reihe* in Hamburg stürben aus, Bezirke wie *Berlin Schöneberg* glichen einer Geisterstadt, ganze Städte hätten keinen Bürgermeister gar.

Das passiert, wenn …

- Minelli, Streisand, Knef und Dietrich gerieten in den dunklen Abgrund der Vergessenheit.
- Designer-Möbelgeschäfte würden nur noch Anbaureihen verkaufen.
- Alice Schwarzer hatte mit Klatschzeitungen Karriere machen müssen, um ein so großes Publikum, wie es ihr gebührt, zu erreichen.
- Die Namen Gabi und Detlef (in Variante: Norbert) hätten keinen Kultstatus mehr.
- Bauchfreie Tops wären nur in der Damenabteilung zu finden.
- Die Bierbranche hätte schwere Einbußen in Kauf zu nehmen (so 'ne Lesbe haut was weg!).
- Friseurinnen müssten nicht mit unmöglichsten Farben verzweifelt experimentieren.
- Die Shoppingsender hätten weder Moderatoren noch Zuschauer. Die Sendeplätze stünden den Heteros für Kassenschlager wie »Frauentausch« oder »Eine Familie nimmt ab« zur Verfügung.
- Der erfolgreiche Mannschaftssport Fußball wäre wieder ganz und gar eine Männerdomäne, in der keine Frauen mit Weltmeistertiteln dazwischenfunken.
- Hebefiguren im Ballett kämen aufgrund mangelnder Partner nicht mehr zu Stande.
- Moderne Frauen hätten keinen *besten Freund*.

... ein Homo einparkt

Während die Lesbe mühelos und flink jeden Bus, jeden LKW und jeden Mähdrescher in die kleinsten Stadtparklücken lenkt, dabei den angewinkelten Arm in das offene Fenster gelegt hat und mit der Hand des anderen Arms noch während des Einparkens das Radio ausstellt, sich abschnallt und den Kaugummi gezielt in den Gulli spuckt, haben die Schwulen Mühe, ihre kleinen roten oder tiefblauen Stadtflitzer in einen normalen Frauenparkplatz zu lenken. Sie denken, das ist das gängige Klischee, aber in Wirklichkeit können natürlich doch die Männer besser einparken als die Frauen? Nein! In Wirklichkeit fahren die Schwulen Taxi und parken nie selber ein. Sie denken, das war jetzt eine ironische Spitze obendrauf? Falsch, es ist die Wahrheit! Eine Frau, die nicht einparken kann, ist nicht lesbisch. Ein Mann, der mehrfach vor- und zurücksetzt und nach zehn Minuten wutentbrannt die Tür seines Smarts zuschlägt, ist schwul. Daran ist nicht zu rütteln.

__ Das schönste Kompliment, das eine lesbische Freundin bekommen hat, von dem sie, auch wenn es bereits Jahre zurückliegt, noch immer zehrt, kam von einer Truppe Bauarbeiter, die lässig an einer Litfasssäule lehnten und vergnüglich der Frau (unserer lesbischen Freundin) im Volvo zuschauten, die den Blinker setzte und offensichtlich einparken wollte. Es dauerte keine drei Sekunden, da stand das Straßenschiff zwischen zwei Laternen. Die Bauarbeiter brauchten einen Augenblick, dann

aber pfiffen sie anerkennend durch ihre Zahnlücken und sagten – und jetzt kommt's – *Mannomann, besser hätten wir das auch nicht gemacht!*
__ Dieser Spruch hat sich uns so ins Hirn gebrannt, weil besagte Freundin ihn unzählige Male vor sich hingesprochen hatte, dass wir ständig zu unserem schwulen Freund D* aus H* sagen: Mannomann, besser hätte ich das auch nicht machen können, wenn er galant und ohne Umwege den Golf Variant bei Wal-Mart in nullkommanix in die engen Kundenparkplätze gestellt hat.

... aus Volker Gerlind wird

Die Nachbarn behaupten, Gerlind wäre keine wahrhaftige Gerlind, sie täte nur so. Für die Nachbarn ist und bleibt Gerlind Volker. Volker arbeitet bei der städtischen Müllentsorgung. Volker ist ein ganzer Kerl, schleppt Säcke und zerkloppt Möbel bei Hausaltsauflösungen, macht derbe Witze mit den Kollegen, und wenn es ihn juckt, kratzt er sich ungeniert am Sack. Vor ein paar Jahren fand Volker heraus, wie gut ihm die Spitzenunterwäsche seiner Freundin stand und was für einen unglaublichen Tragekomfort diese bot, und vor allem wie neckisch er in Spitze aussieht. Als dann die Freundin eines Abends früher nach

Hause kam und auch sah, wie putzig er dastand, packte sie ohne ein Wort ihre Koffer, schaute ihn noch einmal mitleidig an, und ward seither nicht mehr gesehen. Gott sei Dank konnte Volker den Slip, den er in diesem sagenumwobenen Moment trug, behalten. Der Anfang war gemacht. Nach und nach vervollständigte Volker seine Garderobe. Den VerkäuferInnen band er einen Bären auf, behauptete, dass seine Freundin seine Größe, seine Figur, seine Haarfarbe hätte, und dann lachten sie ein Weilchen aus Verlegenheit. So füllte sich sein Kiefernholzschrank mit Blusen, Röcken, Kleidern und Stiefeletten. Wenn die Nachbarn nur sehen könnten, dass sein Schrank genauso voll ist wie bei einer richtigen Gerlind. Früher lebte Volker seine unterdrückte Weiblichkeit nur zu Hause vor dem Spiegel aus, da drehte er sich und lächelte. Er schminkte sich mit Eddingstiften. Dass das geht, hatte er aus der *Bunten* erfahren, weil Rex Gildo das auch immer so gemacht hatte. Leider oder zum Glück hatte die Wasserfestigkeit ein paar Nachteile, und so geschah es, dass sich Kollegen über die schwarzen Augenbrauen oder die roten Lippen wunderten. Volker erzählte was von verlorenen Wetten oder vom schwarzen Peter. Heute ist Volker besser sortiert als jede Douglasfiliale, und die Kollegen haben schon lange nicht mehr gefragt, welche Spielchen er da spielte. Wenn Volker heute von der Arbeit kommt, er das Müllauto gefahren und die Einbauschränke aus dem 6. Stock geschleppt hat, dann tut er sich was Gutes, dann macht er sich fein, dann wird sich geschminkt. Mittlerweile hat er den Dreh raus. Früher malte er sich einfach an, den Schnurrbart ließ er stehen, und wenn er dann am Ende noch ein Hütchen aufsetzte, ähnelte er auf irgendeine Weise einem Roncalli-Clown. Die Roncalli-Zeiten sind vorbei, heute geht es ihm leicht von der Hand. Zum Schluss dann noch mit Schwung die Perücke gut drapiert – und fertig. Früher sah das mit dem Fiffie auf dem Kopf auch nicht so gut aus, alle haben sich gewundert, wie er das struppige Tier dazu bringen konnte, so lange so still dort oben sitzen zu bleiben, aber heute – Olala!!! Da steht nach zwei Stündchen eine echte und richtige Gerlind vor Volkers Spiegel, im Jeanskleid mit einem niedlichen Igel aus Swarovski-Steinen und Plauener Spitze oben am Kragen.

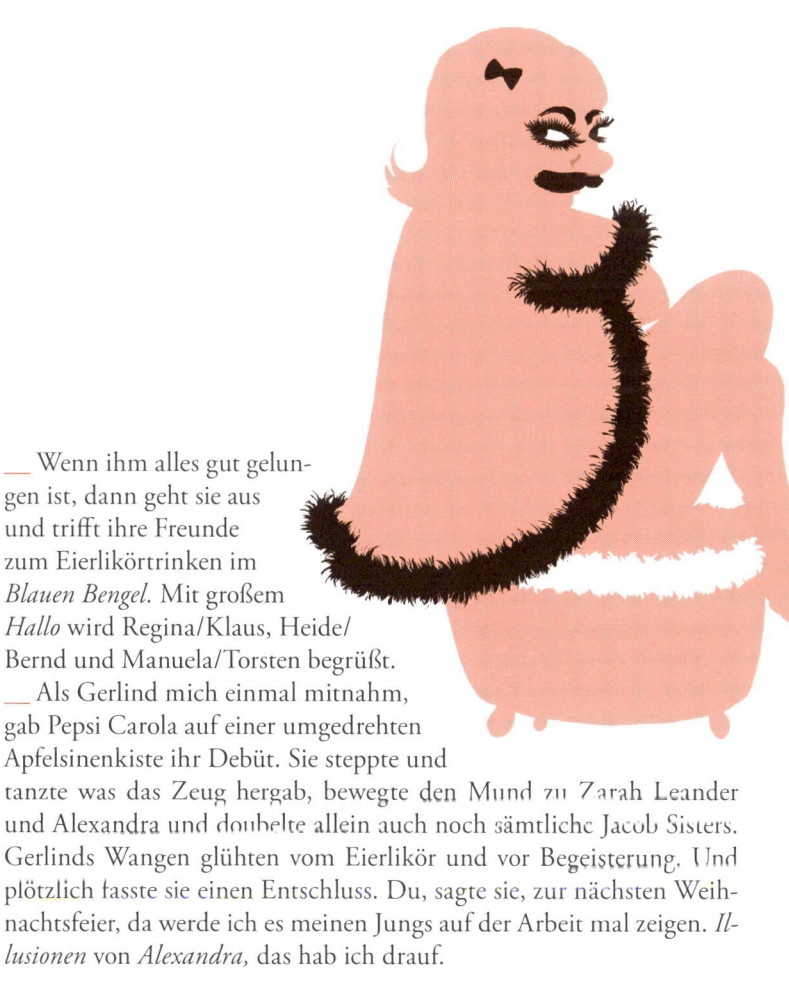

Das passiert, wenn ...

__ Wenn ihm alles gut gelungen ist, dann geht sie aus und trifft ihre Freunde zum Eierlikörtrinken im *Blauen Bengel.* Mit großem *Hallo* wird Regina/Klaus, Heide/Bernd und Manuela/Torsten begrüßt.
__ Als Gerlind mich einmal mitnahm, gab Pepsi Carola auf einer umgedrehten Apfelsinenkiste ihr Debüt. Sie steppte und tanzte was das Zeug hergab, bewegte den Mund zu Zarah Leander und Alexandra und doubelte allein auch noch sämtliche Jacob Sisters. Gerlinds Wangen glühten vom Eierlikör und vor Begeisterung. Und plötzlich fasste sie einen Entschluss. Du, sagte sie, zur nächsten Weihnachtsfeier, da werde ich es meinen Jungs auf der Arbeit mal zeigen. *Illusionen* von *Alexandra,* das hab ich drauf.

ANMERKUNG

Eigentlich hat Volker/Gerlind in diesem Buch nichts zu suchen, denn Volker ist heterosexuell und hat inzwischen eine liebe Freundin (Mirja/Mirja) gefunden, die ihn stolz zu seinen Auftritten begleitet. Was soll mich an seiner Neigung stören, fragt sie. Ihn stört's auch nicht, dass ich jeden Tag einen Liter Eis fresse.

... ein Schwuler Feuerwehrmann werden will

Wenn Jungs sagen sollen, was sie später gerne einmal werden möchten, dann antworten sie: Feuerwehrmann, Arzt, Inschinör oder vielleicht Rennfahrer wie Schumi. Bei manchen dieser Jungs, vornehmlich bei den schwulen, ändert sich manchmal der Berufswunsch in Schmuckverkäufer, Friseur oder Designer. Und tatsächlich sind das die Berufsfelder, in denen einige Schwule eine großartige Karriere hinlegen. Die Damen lassen sich ausgesprochen gerne von den Udos frisieren und den Karls einkleiden. Niemand verkauft Puppen, Schlankmachhöschen und Parfums erfolgreicher als die Tunten vom Verkaufssender. Das sind Männer, denen die Frauen vertrauen, denn die Verkaufszahlen sind denen herzlich egal. Der schwule Mann in der Kosmetikabteilung will *wirklich* helfen, da gibt es keinen Konkurrenzgedanken so wie bei der Uschi zum Beispiel, die heimlich Urinsteinentferner als Creme verkauft, damit alle Frauen Ausschlag bekommen, fiese Verbrennungen im Gesicht und Dekolletee, vernarbte Haut, nur damit Uschi am Ende für immer und ewig die Schönste bleibt auf der ganzen Welt. Nein, den Frauen kann man nicht vertrauen, den Schwulen schon. Man kann mit Gewissheit davon ausgehen, dass die wissen, wovon sie sprechen, und dass bei denen, die solche Puppen im Fernsehen verkaufen, die Puppen auch auf dem privaten Sofa Platz genommen haben.

__ Natürlich können die Schwulen auch als Tänzer bei Cats Karriere machen, sich wie eine Katze verkleiden und im Standspagat relaxen oder sie können schöne Sachen als Requisiteur für's Theater basteln oder in Gärten fantastische Formationen mit lila Fuchsschwänzen anlegen, aber es gibt auch Schwule in anderen, sagen wir mal, männlicheren Berufen. Aber da geht's dann auch nicht immer gut, wie uns der neuerliche Fall vor dem Landesgericht Oldenburg lehrte: Der Feuerwehrmann Bernd S. hatte sich bei einem Großeinsatz schwer verletzt, wie er dem vorsitzenden Richter mitteilte. Beim Anbringen des Schlauches an den Hydranten brach ihm ein Fingernagel, woraufhin er alles stehen und brennen ließ und in Ronnis Nagelstudio lief, um zu retten, was zu retten war!

... eine Lesbe auf den Richtigen trifft

Schade, dass du ein Mann bist, sagt sie dann. Wirklich, sehr schade. Ich mag dich. Du bist ein toller Mann, anders als die anderen, gar nicht wie ein Mann – sie verstrickt sich in Widersprüche – die Frauen müssen bei dir Schlange stehen, also, ich würde ganz vorne in der Schlange stehen, wenn ich eine – ähm keine – Lesbe wäre. Du hast einen schönen Körper, aber leider bist du keine Frau. Ansonsten stimmt alles an dir. Wenn du eine Frau wärst, dann, aber so, du könntest der Vater meiner Kinder sein. Willst du? Könntest du dir vorstellen, der Vater meiner – und ihrer – Kinder zu sein? Wir könnten uns dich gut als Vater vorstellen, du wärst perfekt, denn du bist wirklich ganz besonders. *Du bist wirklich ganz besonders, und zum Glück bist du keine Frau, sonst könntest du nicht der Vater meiner Kinder sein und außerdem könnte ich mich glatt in dich verlieben.*

Du weißt ja wie solche Geschichten enden, aber weil du ein Mann bist, der Richtige – sie zwinkert – *können wir uns auf eine lebenslange Freundschaft einstellen. Ich bin glücklich, dass wir uns getroffen haben. Du machst mich glücklich, bringst mich zum Lachen, verstehst mich, ich vertraue dir, aber an deinem Körper, da stimmt was nicht. Also, alles an dir stimmt, sonst würde ich dich nicht bitten, der Vater meiner Kinder zu werden, wir können nur nicht – du weißt schon, sonst können wir natürlich alles miteinander, und das ist doch viel wichtiger, nicht wahr? Würdest du etwa gerne mit mir – komm sei ehrlich – wenn du mich wirklich liebst, dann wäre dir das nicht so wichtig, dann wärst du froh, dass ich mit ihr glücklich bin, wenn du mich wirklich liebst, dann würdest du mich so akzeptieren wie ich bin. Ich akzeptiere dich schließlich auch, wie du bist. Kann ja keiner was dafür, dass du ein Mann bist. Wieso kuckst du so? Du kuckst so doof, wie ein Mann kuckst du jetzt, so, als würdest du nicht verstehen, was ich sage. Aha, du verstehst nicht, was ich sage. Dann musst du doch selber zugeben, Frauen und Männer passen einfach nicht zusammen. Jetzt gib es schon zu. Nie kannst du etwas zugeben, typisch Mann. Manchmal, da bist du wie ein Mann, aber ansonsten bist du echt okay.*

... ein Homo wieder hetero wird

Dann muss er sich warm anziehen. Ein paar homosexuelle Freunde werden die Freundschaft kündigen (aber dann waren es keine echten Freunde – wie man seit Teenagerzeiten weiß), heterosexuelle Feinde werden zu Freunden (das sind dann aber auch keine echten Freunde – logo).

__ Wenn ein Homo wieder hetero wird, dann geht für ihn alles wieder von vorne los, der ganze Prozess: persönliches Eingeständnis, Coming Out, das erste Mal – in welcher Reihenfolge auch immer. Wie kann das passieren, fragen Sie sich. Wird man heutzutage so leichtfertig homosexuell, dass dieser Entschluss morgen schon nichts mehr wert ist? Die Antwort ist: *Nein.*

__ Wenn ein Homo wieder hetero wird, muss er viel Überzeugungsarbeit leisten, Fragen standhalten, die fragen – *Wie kannst du dir dieses*

Das passiert, wenn ...

Mal sicher sein? Unterstellungen entkräften, die unterstellen – *Du hast nur den gesellschaftlichen Druck nicht ausgehalten!* Selbstzweifeln widerstehen, die zweifeln – *Muss ich mich als Hetera jetzt schminken oder muss ich mich als Hetero von nun an breitbeinig hinsetzen?*

Im Prinzip ist das Heterowerden eines der schwierigeren Unterfangen für einen Homosexuellen, das aber wenigstens die Verwandten zu Glückwunscharien verleiten wird. Jedoch was nützt des Onkels Zufriedenheit in Zeiten, in denen hunderte Tunten trauern? Was wiegt das neue Glück, wenn die heile Welt zum zweiten Mal zusammengebrochen ist?

Verhaltensregeln ...

... Sie das Unwort nicht in den Mund nehmen wollen

Das A und O einer gelungenen Kommunikation besteht aus einem ausreichenden Wortschatz. Es kann in intelligenten Unterhaltungen hilfreich sein, auf Synonyme auszuweichen. Um ein Gespräch abwechslungsreich zu gestalten, könnte man statt Halligalli auch Rambazamba, Bambule oder Remmidemmi sagen. Wir wissen, dass sich viele Heteros mit den Worten *homosexuell, schwul* und *lesbisch* schwer tun, was für einen Dialog zur sexuellen Orientierung ungemein hinderlich sein kann. Sollen wir euch etwas verraten? Uns fällt es zum Teil auch nicht leichter. Aus diesem Grund sind eine Fülle von Synonymen, Metaphern und Wortneuschöpfungen entstanden, die die Kommunikation erleichtern sollen. Wenn Sie die Unwörter nicht in den Mund nehmen wollen, haben Sie die Möglichkeit auf ein ihrem Umfeld angemessenes Wort auszuweichen. Für jeden lässt sich was Passendes finden. Quälen Sie sich nicht, seien Sie locker und entspannt und sprechen Sie folgende Worte ein paar Male laut vor sich her: Sie werden schnell feststellen, welches dieser Worte ihnen locker flockig von den Lippen geht.

GAY deutsch: fröhlich; momentan das gängigste aller Worte für homosexuell
DYKE sprich: Deik; Lesbe
SAFTSCHUBSE schwuler Steward
TRAGISCH VERANLAGT homosexuell

Verhaltensregeln ...

VERZAUBERT homosexuell
VON DER RELIGION/PARTEI homosexuell
UUPS im Satz sollte es wie folgt verwendet werden: Meinst du, der/die ist uups?
WARMER BRUDER schwuler Mann; ungebräuchlich geworden
TUCKE ein schwuler Mann, der sich extrem feminin verhält; in etwa: zickig ist, kreischt, wimmert usw.
TUNTE siehe Tucke, aber auch schlecht zurecht gemachter Transsexuelle oder Transvestit
VOM ANDEREN UFER veraltet für homosexuell
ANDERSRUM ebenfalls veraltet für homosexuell
NA DU WEISST SCHON homosexuell; klingt in etwa so: Der könnte auch – na du weißt schon – sein
SAPPHO Lesbe. Wobei hier ein anderes Problem auftaucht – Spricht man es Sapfo oder Saffo aus?
KESSER VATER Lesbe, *die auf Mann macht.* Neumodisch nennt man diese Lesben eher Butch sprich: Buttsch
FEMME frauliche Lesbe, Gegenteil zur Butch, hat zum Teil gerne etwas Divenhaftes
SCHWULIBERT Verniedlichungsform von schwuler Mann
SCHWUPPE Schwuler
ROSA FRAKTION homosexuell
GRIECHISCH sehr veraltete Form für schwul

HETEROPHOB homosexuell
GLEICHGESCHLECHTLICHE NEIGUNG homosexuell
SCHWESTER die Schwulen bezeichnen sich in Eigenironie als Schwestern
QUEER deutsch: verrückt; gebräuchliches Wort für homosexuell
MÄNNER-/FRAUENLIEBEND das dürfte einfach sein!?
HINTERLADER schwul
ANALPHABETISMUS ist kein (!) anderes Wort für schwul, bezeichnet vielmehr kulturell, bildungs- oder psychisch bedingte *individuelle* Defizite im Lesen und/oder Schreiben bis hin zum völligen Unvermögen in diesen Disziplinen. Der Trick besteht darin, die Betonung auf die erste statt auf die zweite Silbe zu legen.

Nun sollte einem offenen Dialog nichts mehr im Wege stehen.

... sich Ihr Kind Ihnen mitteilt

Letztens sagte eine Fünfzehnjährige auf dem Hundeplatz: *Ich habe nichts gegen Schwule.* Gibt ja auch Lesben. Die Hundebesitzer nickten zustimmend, während ich noch über die Aussage nachdachte. *Solang du nicht so bist, was?,* lachte die Mutter und alle stimmten nickend in das Gelächter mit ein. Nur das fünfzehnjährige Mädchen stand etwas verdattert da und tätschelte seinen Pekinesen.
__ Diese Einstellung haben viele Eltern. Ihretwegen könnte die ganze Welt homosexuell sein, wenn nur das eigene Kind verschont bliebe. Nun, es bleiben aber nicht alle Kinder verschont, weder von Homosexualität, noch von intoleranten Eltern, die auch heute noch ihre homosexuellen Kinder vor die Tür setzen. Es gibt auch andere Möglichkeiten zu reagieren. Kein Kind erwartet, dass Sie fröhlich jubelnd durch das Zimmer laufen, aber Sie könnten zum Beispiel sagen: *Naja.* Oder: *Okay.* Oder: *Macht nichts.* Oder: *Ich muss mal drüber nachdenken.* Das wäre für den Anfang gar nicht schlecht. Je weniger Worte sie verwenden, desto geringer die Gefahr, dass Sie das sagen, was Ihr Kind in diesem Moment nicht hören will. Zum Beispiel: *Dann kann ich mir ja jetzt Enkelkinder abschminken.* Oder: *Toll, Tante Sowieso mit ihrem Muster-*

Verhaltensregeln ...

knaben reibt sich die Hände, wenn sie das erfährt. Oder: *Ich habe alles falsch gemacht.*

__ Niemand hat bis zu dem Zeitpunkt, an dem sich Ihr Kind Ihnen mitteilt, etwas falsch gemacht. Falschmachen können Sie erst ab jetzt etwas. Aber wo etwas falsch gemacht werden kann, kann auch etwas richtig gemacht werden. Richtig ist eigentlich alles, solange Sie noch willig sind, das Versprechen, das Sie Ihrem Kind am Tage der Geburt gegeben haben, zu halten. Sie wollen es lieben, beschützen und unterstützen, egal was passiert. Sie werden eine Weile brauchen, aber bald wird Ihnen auffallen, dass Homosexualität aus einem Menschen keinen anderen macht, Ihnen wird wieder einfallen, dass Ihr Kind ja gar nicht nur homosexuell ist, sondern noch andere großartige Eigenschaften, Talente und Charakterzüge besitzt, Ihnen wird einfallen, dass sich Ihr Kind auch nicht von Ihnen abgewendet hatte, als es herausfand, dass Sie heimlich rauchen, und Ihnen wird einfallen, dass Ihr Kind trotz Homosexualität funktionierende Geschlechtsorgane besitzt, mit denen Ihre Enkelkinder gezeugt werden können.

__ Aber, zugegeben, die Reaktion auf das Coming Out des Kindes ist eine Gratwanderung. Den wenigsten gelingt sie ohne Fauxpas. Die Homos sind nämlich nicht minder enttäuscht, wenn man ihnen sagt, das wüsste doch sowieso jeder.

__ Vielleicht sind Sie auch im Besitz eines der Kinder, die sich nie vor Ihnen outen, weil sie der Meinung sind, dass a) es nicht nötig ist, weil selbstverständlich oder b) Sie alles nur das nicht hören wollen oder c) Sie einmal zu oft einen abfälligen Kommentar über Homos gemacht haben, dass Ihr Kind nun keinen Bock hat, sich vor Ihnen zu outen oder d) Sie Ihre sexuelle Präferenz ja auch nie thematisiert haben.

__ Sollten Sie das Gefühl haben, Ihr Kind gehört zu den Angsthasen, dann lassen Sie hin und wieder durchblicken, dass Sie Hape Kerkeling ganz putzig finden, und dass es nicht mit Patrick Lindners Homosexualität zusammenhängt, dass Sie seinen Gesang nicht ertragen. Von Psychologen außerdem empfohlen:

__ Sollten Sie auf einem Sofa sitzen, klopfen Sie zum Beispiel mit der flachen Hand neben sich. So schlagen Sie mindestens zwei Fliegen mit einer Klappe – Sie deuten an, dass Sie zu einem weiterführenden Gespräch bereit sind, und Sie zeigen, dass Sie in jedem Fall an seiner Seite bleiben.

__ Oder sollte es Ihnen beim Autofahren passieren, dass Ihr Kind Mut fasst, bremsen Sie nicht vor Schreck an einer grünen Ampel, und demonstrieren Sie so, dass es zwischen Ihnen schon irgendwie weitergehen und zu keinem Stillstand kommen wird.

__ Haben Sie solch ein Coming Out-Gespräch bereits hinter sich gebracht, bevor Sie in diesem Buch erfahren mussten, dass Homosexualität nichts Schlimmes ist, wofür es sich ein Kind zu verstoßen lohnt, dann geben Sie sich einen Ruck und holen Ihr Kind zurück. Für Einsichten, Entschuldigungen und Liebesgeständnisse ist es fast nie zu spät.

__ Auch wenn Ihnen nach dem homosexuellen Geständnis der Kopf vor lauter Fragen zu platzen droht, versuchen Sie die Fragerei im Rahmen zu halten, denn auch homosexuelle Kinder reden nicht am allerliebsten mit ihren Eltern über das, was sie im Schlafzimmer so treiben.

... Sie im Gebüsch einen nackten Hintern sehen

Wenn die allerbeste Freundin keine Lust auf Tratsch und Klatsch hat, die Perserkatze bereits gebürstet und kein Prosecco im Haus ist, die *Bunte* und *Gala* ausgelesen und die Teppiche gewaschen sind, die Videos von Marlene, Marylin und Marika Rökk schon leiern und 240 Euro bei der Gayline abtelefoniert wurden, dann liebt der eine oder andere Schwule einen Ausflug in die Natur, in den Park, genauer gesagt. In Hamburg ist es der Volkspark, in München der Bavariapark, in Rostock die Wallanlagen, in Leipzig der Zetkinpark, in Berlin der Tiergarten usw. Jede Stadt hat ihren Park und somit jeder schwule Mann ein Date. Abends wird es im Park interessant, wenn der Park im Dunkeln liegt und nahezu verwaist scheint. Scheint, denn jetzt raschelt es in den Hecken und Büschen. Jetzt scheinen nur noch Männer spazieren gehen zu wollen. Oder was machen die alle mitten in der Nacht hier? Sollte man sich am Abend in einem Park verirren, wird manch ein Hetero sich wundern: Wo sind die beiden Jungs hin, die eben gerade noch hier auf der Bank saßen? Wo ist der Opa, der mich gerade aus Versehen gestreift hat? Und warum hängt dort in den Zweigen vom Flieder ein Schlüpfer? Ach, wird der Hetero kurz darauf feststellen, da steht ja der ältere Herr hinter der Kastanie. Er steht gebückt und hinter ihm noch jemand ... man hat ihm die Sachen gestohlen, der hintere scheint ihn zu bedrängen, der Herr ruft und röchelt und schnauft, ihm scheint's nicht gut zu gehen ... soll man jetzt Hilfe holen? Und bevor man eine Antwort hat, sieht man da im Halbdunkeln die zwei Jungs von der Bank, sie wirkten wie Freunde vorhin, aber jetzt sind auch sie nackt und ringen! Der Hetero sollte entschieden auf das Hilfeholen verzichten. Die Jungs machen das unter sich aus. Sie sollten flott weitergehen und Blickkontakt vermeiden, allen moralischen Bedenken zum Trotz – Augen zu und durch – nichts gesehen haben. Reagieren Sie nicht wie zu Ostern und rennen von Busch zu Busch, reißen die Zweige auseinander und rufen: *hier noch ein Arsch.* Laufen Sie nicht nach Hause, um eine Taschenlampe zu holen. Es hat sich hier niemand verlaufen. Haben sich zwei Ärsche gefunden, stellen Sie sich nicht dazu und fragen: *Na, könnt ihr auch nicht schlafen?*

__ Sollte aber so ein schöner Hintern, ein nackter, im Gebüsch eine hypnotische Wirkung auf Sie ausüben, dann denken Sie bitte an Safer Sex. Spezielle Verhaltensregeln für Frauen gibt es hingegen nicht. Sie könnten schreien, lachen, flüstern, der nackte Hintern wird sich niemals umdrehen.

... Sie versehentlich eine Homo-Kneipe betreten

Sollten Sie die Windverhältnisse versehentlich in eine Homo-Kneipe getrieben haben, weil die Regenbogenfahne draußen nicht stark genug flatterte, sondern nur resignierend und übersehbar im trüben Lüftchen hing, dann kann es trotzdem ein hübscher Abend werden, ein Cocktail- und Weinchenabend für den heterosexuellen Mann; ein Bier- und Whiskyabend für die heterosexuelle Frau. Andere Kneipen, andere Sitten. Oles *Sportsbar*, Monis *Gartenklausel* oder Heikos *Rosa Ufer* – sie alle haben ihr Stammpublikum und ihre Regeln. Auf Verirrte wird mit gutem Recht keine Rücksicht genommen.

> REGEL NUMMER EINS FÜR DICH IN EINER HOMOBAR
> Mach dich nicht lächerlich, in dem du versuchst dein übliches Beuteschema mit anzüglichem Augenzwinkern und Augenbrauenzucken zu bekehren. Dein übliches Beuteschema kuckt penetrant an dir vorbei, und das ist in diesem Fall kein Spiel.
> REGEL NUMMER ZWEI
> Versuch dich von deinem unguten Gefühl – alle denken, ich bin ein Homo – zu befreien, denn man geht zwar davon aus, aber man findet dich hier toll dafür.
> REGEL NUMMER DREI
> Vorsicht beim Toilettengang! Zieh dein Ding durch und gib niemandem durch Bummelei das Gefühl, dass du noch was anderes auf dem Klo zu suchen hast.
> REGEL NUMMER VIER
> Halte deine Sprüche im Zaum. Verkneif dir liebe und wohlmeinende Sätze wie: *Ihr seid ja wie ganz normale Menschen.* Ist

ja gar nicht so schlimm hier, wie ich dachte. Oder: *Du könntest doch jeden haben, hübsches Fräulein.*

REGEL NUMMER FÜNF

Mach dich beliebt. Für Frauen: Geh in die Mitte des Raumes, dreh dich um deine eigene Achse, sink theatralisch auf die Knie und schluchze: *Ohhh, mein Goooott, warum sind denn die schönsten Männer alle schwul?* Für Männer: *Ich wünschte, ich wäre eine Frau!*

REGEL NUMMER SECHS

Versuch dein Hiereingekomme nicht zu erklären. Diese langweiligen Geschichten interessiert hier keine Sau.

REGEL NUMMER SIEBEN
Nutze deine Chancen! Nur hier hast du als heterosexueller Mann die Möglichkeit so zu empfinden, wie sich eine Frau in deiner Hetendisko fühlt, nur hier kannst du als Hetera verstehen wie sensibel Männer in Wirklichkeit sind.

REGEL NUMMER ACHT
Versteck deine Freude nicht wie sonst, wenn deine Lieblingsschnulze aus den Lautsprechern dröhnt, denn hier darfst du sein, hier darfst du mögen, was du willst.

REGEL NUMMER NEUN
Wenn du lang genug durchhältst, darfst du dich auch als Hetero oder Hetera am *Resteficken* beteiligen, zur Auswahl steht aber, egal wie besoffen der Rest ist, immer noch nur das eigene Geschlecht.

TIPP
Lass dich als Mann doch mal den ganzen Abend zu Getränken einladen. Genieß als Frau das Gespräch mit Männern, die dich für kein Geld der Welt nackt neben sich liegen haben wollen.

TRICK 17
Immer schön lächeln!

… sich die Verwandten nach Ihrer lesbischen Tochter/Ihrem schwulen Sohn erkundigen

Da gibt es ein Universalrezept, und das heißt: immer von den beruflichen Erfolgen berichten, notfalls auf Angeberei und Übertreibungen zurückgreifen, und den Anschein erwecken, wegen dieser grandiosen (eventuell kurz bevorstehenden?) Karriere bleibt für Beziehungen keinerlei Zeit. Der Tagesplan Ihres Kindes muss so ausgeschmückt werden, dass niemand auf die Idee kommt, es wäre noch Zeit für ein Techtelmechtel, ein Rendezvous oder gar eine Familienplanung. Sie müssen es schaffen den Anschein zu erwecken, hier hätte jemand, in dem Fall Ihr Kind, ganz klar Prioritäten gesetzt, und Sie, als Elternteil, würden es darin ganz entschieden unterstützen. Sie können die Ausführungen

Verhaltensregeln ...

verfeinern, indem Sie von der Freiheit schwärmen, von der Selbstbestimmung, von dem großen Glück heutzutage keine Kinder mehr in die Welt setzen zu müssen, ohne von der Gesellschaft geächtet zu werden. Sie könnten darauf aufmerksam machen, dass man ohne weiteres auf eine Heirat, auf all das zwischenmenschliche Klimbim überhaupt verzichten könne, ohne dass man seinen bürgerlichen Pflichten nicht nachkäme. Es wäre so schön, könnten Sie sagen, dass man in der heutigen Zeit so frei den spießigen konservativen Konventionen begegnen könne. Es wäre gut, müssen Sie Ihren Verwandten einreden, dass es immer mehr Leute gibt, die heutzutage willig sind, so hart zu arbeiten, die Geld verdienen und an die bescheidene Rente ihrer Eltern denken. Sollte Sie jemand darauf aufmerksam machen, dass Ihre Tochter derzeit doch *nur* die Scheiben einer großen Kaufhauskette putzt, oder sollte jemand erstaunt zum Besten geben, dass er nicht gedacht hätte, dass man mit einem Pudelsalon, wie ihn Ihr Sohn betreibt, tatsächlich eine große Karriere vor sich hat, dann müssen Sie sofort mit Worten wie: Projekte, Aufträge, Auslandsaufenthalte, Beziehungen, Kontakte, ehrenamtlichen Tätigkeiten, Innovationen entwickeln, Denker, persönlicher Assistent von soundso um sich werfen, bis alle wieder still und friedlich sind. Und sollte sich dennoch jemand zu fragen wagen, ob Ihr Sohn denn auch eine Freundin hat, eine Hübsche, oder Ihre Tochter einen Mann, der es auch schon zu was gebracht hat – dann sagen sie notfalls: Ja, ja. Dazu wäre es allerdings hilfreich, Ihr Kind lebt einige Kilometer entfernt, ansonsten fügen Sie hinzu: Aber das ist ein/e AfrikanerIn, der/die in der Heimat bleiben wird ... weil muss ... weil er/sie in der Regierung arbeitet ... aber Ihr Kind bleibt hier ... das geht da nicht runter ... ach nein ... keine AfrikanerIn ... AmerikanerIn wollten Sie sagen ... Ami ... aus New York City ... kein Jude ... echter Ami ... nicht mit so Vorfahren von überall her ... einfach nur Ami ... reich ... frei ... gesund ... strahlend weiße Zähne ... 1a Englisch – Ihre Verwandtschaft wird staunen!

... eine Transe die Betriebsfeier glamourös machen soll

Transen werden gerne gebucht, um der anstehenden Feierlichkeit die richtige Würze zu geben; sei es für den Junggesellenabschied, die Betriebsfeier oder für Opas 90., der so gerne Zarah Leander noch mal live erleben möchte. Jedoch Pepsi Carola, Hanne Debakel, Anna Bolika und Co. sind mit Vorsicht zu genießen. Schnell kann die Party nach hinten losgehen, nämlich, wenn die Damen schlecht drauf kommen. Dann können sie zickig und sehr böse werden, fahren ihre künstlichen Fingernägel aus und versuchen zu kratzen, bombardieren die illustre Runde mit auswendig gelernten Zoten aus dem Désirée Nick Programm, weigern sich *Der Wind hat mir ein Lied erzählt* zu singen und verspritzen den teuren Schampus.

__ Den Transen-Buchenden sei also gesagt: Kritik an Make-up und Garderobe ist tabu. Keine Kommentare über die schief sitzende Perücke. Die Witzchen sind der Brüller, auch wenn sie nicht lustig sind. Vermeiden Sie irritierte Blicke, wenn Sie den dargebotenen Song nicht auf Anhieb erkennen. Lasst sie gewähren, wenn sie sich unangemeldet auf Schöße setzen wollen. Karrt ausreichend Champagner heran. Becirct sie, was das Zeug hält und vergesst den Mann im Weibe.

__ Wiegt genau ab, ob ihr so ein unberechenbares authentisches glitzerndes Ding haben wollt, das unter Umständen den Auftritt seines Lebens auf Eurer Feier hinlegt oder verärgert mit den Absätzen seiner Highheels die Gesellschaft bedroht. Sollte Euch das Risiko zu hoch sein, holt euch das Männerballett aus dem Karnevalsverein, das den Schwanensee tanzt. Das sind dann echte Heteromänner, die ihre Frauen mitbringen, mit denen ihr euch vor Lachen auf die Schenkel hauen könnt, wenn das Tütü verrutscht.

Verhaltensregeln ...

... Mama oder Papa sagen, sie wären von nun an homosexuell

Sicher werdet ihr denken: Warum ausgerechnet meine Eltern? Aber derlei Antworten weiß nur der Herr im Himmel. Ihr werdet vielleicht wütend sein, euch genieren und niemals wieder etwas mit euren Eltern zu tun haben wollen. Das jedoch ist ganz normal – in der Pubertät. Das geht jedem so, ganz gleich, was sich die verrückten Eltern einfallen lassen, um euch auf den Brenner zu gehen. Da kann man nur abwarten, bis ihr euch wieder einkriegt. Das Schöne ist, dass Mama oder Papa nun auch gerade so was wie eine Pubertät durchmachen, und ihr euch von euren Eltern besser verstanden wissen dürft als eure Klassenkameraden von ihren Eltern.

__ Wenn ihr schon etwas älter seid, werden euch die Vorurteile heimsuchen. Ihr werdet euch möglicherweise vorstellen, dass Papa von nun an eine Lederkappe trägt und sich einen Schnauzer wachsen lässt oder Mama sich die Haare raspelkurz schneidet. Aber keine Angst. Ein großes deutsches Boulevardblatt verkündete unlängst Folgendes: *Das Auffällige: Frauen, die Frauen lieben, werden immer femininer.* Und auch Papa wird sich von nun an nicht verkleiden. Alles bleibt beim Alten. Fast. Jedoch wird Mama vielleicht nun mal die Hand einer Frau halten oder Papa einem Typen auf den Hintern fassen und lächeln. Daran muss man sich irgendwie gewöhnen. Vielleicht hilft es, den Elternteil zu fragen, ob er oder sie glücklich ist. Und vielleicht hilft es, wenn sie euch dann antworten: Sehr, mein Liebling.

... sich Ihre Chefin vor Ihnen als Lesbe outet

An diesem historischen Tag sollten Sie es nicht verpassen, Ihrer Chefin persönlich zu gratulieren und mit ihr ein Gläschen zu heben. Schließlich haben Sie sie von jetzt an in der Hand. Im Notfall findet sich sicher ein Chef der Chefin, der sie sowieso nie leiden konnte und wie ein Rodeoreiter in der Box auf den großen Kündigungsritt wartet. Die Tür können Sie nun aufstoßen, wann immer Ihnen der Sinn danach steht. Sie liefern den Kündigungsgrund, wann immer er gebraucht wird. Ein großartiges Gefühl. Und wenn Sie den entscheidenden Zeitpunkt verpassen, weil Sie sich nicht rechtzeitig von diesem wunderbaren Machtgefühl trennen konnten – und die Lesbe mit ihrer lesbischen Ahnung den Braten gewittert und Sie gefeuert hat, bevor Sie das Rodeotürchen öffnen konnten, dann können Sie wenigstens mit Würde Ihren Schreibtisch räumen und die Tür hinter sich schließen.

Folgende Gedanken werden dabei hilfreich sein:

Von einer Lesbe muss ich mir auch nichts sagen lassen.

Als Lesbe wird sie hier bestimmt nicht alt.

Ich mag Lesben sowieso nicht, und ich hatte nie im Leben vor, mit einer zusammenzuarbeiten. Gut, dass sie mich aus Ihrer perversen Anwesenheit entlässt.

Die ist mit ihrer abnormen Veranlagung genug bestraft, dann liefere ich ihr eben einen kleinen Glücksmoment, in dem ich mich feuern lasse.

Wenn ich nun nicht mehr ihr Angestellter bin, vielleicht können wir uns dann mal privat treffen und …

So oder so: Das Coming Out Ihrer Chefin wird Sie in jedem Fall beflügeln!

... Sie plötzlich merken, der Schwule/die Lesbe lässt mich nicht kalt

Keine Panik auf der Titanic. Was von allein kommt, geht auch wieder von allein. Sprüche für derlei ungeplante Vorkommnisse im Leben eines Heterosexuellen gibt es zuhauf, helfen tun sie im Ernstfall wohl kaum. Seriösere Ratschläge wären: *Ruf doch mal in so einer Beratungsstelle an.* Oder: *Horch mal ganz tief in dich hinein. Was willst DU?* Aber auch damit ist den meisten nicht geholfen, die plötzlich merken: Der Schwule/Die Lesbe lässt mich nicht kalt.

__ Verlieren Sie nicht die Nerven. Dass Sie sich als Frau in eine Frau verguckt haben, heißt nicht automatisch, dass Sie homosexuell sind. Ebenso ist nicht jeder schwul, der mal gemeinsam mit seinen Geschlechtsgenossen onaniert hat. Sowas kommt vor, ohne dass sich irgendetwas an Ihrer Lebensplanung, die einen traditionellen Werdegang unbedingt vorsieht, ändern muss. Auch manch einem Homosexuellen passiert es, dass er von einer gegengeschlechtlichen Spezies auf wundersame Weise berührt wird.

__ Sie sollten keinesfalls anfangen darüber nachzudenken, ob Sie nun hetero, homo, bi oder was ganz Abnormales sind, was außer Ihnen sonst niemand ist. Machen Sie sich nicht wuschig. Man muss nicht für alles ein Wort haben. Und wenn Sie doch eines brauchen, dann gibt es sicher jemanden in Ihrer Nähe, der ratzfatz eine Schublade für Sie parat hält.

__ Homos sind darauf spezialisiert mit verirrten Heteros umzugehen. Sie werden auf unbändiges Verständnis stoßen, wenn Sie sich Ihrer/Ihrem Auserwählten anvertrauen. Entgegen Ihrer Vorstellung verpflichten Sie sich zu nichts. Sie genießen Narrenfreiheit – Sie bestimmen, was passiert. Vorausgesetzt die äußeren Umstände lassen das zu.

__ Wenn Sie also irgendetwas fühlen, das Ihnen nicht ganz geheuer ist, das aber auch nicht unbedingt auf eine Verliebtheit schließen lässt (sollte das der Fall sein, können Sie sich sowieso gegen nichts wehren: Wat mutt, dat mutt!), seien Sie unbesorgt: Es ist, was es ist!

Anweisungen für einen Smalltalk

Weil Sie durch dieses vorliegende Buch nun ahnen könnten, dass hinter ihrer Zahnarzthelferin eine wahre Lesbe und hinter dem Deutschlehrer Ihres Sohnes ein Schwuler in Normalfigur stecken könnte, kann es passieren, dass diese Leute Ihnen ausgerechnet deshalb von nun an ständig über den Weg laufen. Sollten Sie in die Verlegenheit geraten, dass ein Smalltalk unausweichlich ist, braucht es Ihnen vor Schreck nicht die Kehle zuzuschnüren. Denn hier lernen Sie die *do's* und *don'ts.* Dabei teilen wir Sie in zwei Gruppen. Versuchen Sie sich möglichst realistisch einzusortieren, damit Sie Ihren Anlagen entsprechend agieren können.

FÜR ANGSTHASEN

Wenn Sie in die Gegenwart eines Homosexuellen gelangen, sollten Sie versuchen so abgebrüht wie möglich zu erscheinen. Sie sollten Ihr Pokerface aufsetzen und so tun, als wäre Ihnen herzlich egal, dass er oder sie mit er, sie oder es ins Bett geht. Natürlich ist es Ihnen nicht egal, weil Sie sich ständig fragen müssen, was da dann passiert, im Bett, zwischen zwei gleichgeschlechtlichen Menschen. Wir bemühen uns diesbezüglich an anderer Stelle dieses Buches um etwas Aufklärung. Jedenfalls sollten Sie also so tun, als wäre alles ganz normal, als wäre der Mensch in Ihrer Nähe nicht homosexuell, als wäre er bestenfalls asexuell, (so funktioniert das Gehirn auch manchmal bei Geschwistern, wenn man versucht, sich die beim Sex vorzustellen). Verhalten

Sie sich ruhig und umsichtig. Lockern Sie Ihre Kleidung und bitten Sie im schlimmsten Fall um ein Glas Wasser.

__ Sollten Sie in die Gegenwart einer hundeführenden Lesbe geraten, sehen Sie dem Pitbull an ihrer Leine nicht in die Augen. Sollte ein hundeführender Schwuler ihren Weg kreuzen, treten sie auf das Ding an seiner Leine nicht drauf. Doch, doch, da hängt was dran.

__ Sie sollten das Thema Sex aus dem Gespräch mit einem Homosexuellen so weit es geht ausklammern. Unterhalten Sie sich notfalls lieber über Politik. Bei drückend *schwülem* Wetter, so schwer es beim Smalltalk fällt, nicht über das Wetter reden! Versuchen Sie Worte wie *schwül*, *Schule* und *lispeln* zu vermeiden, denn unter Umständen kann die innere Anspannung aufgrund der Anwesenheit eines homosexuellen Zeitgenossen dazu führen, dass dem Wort Schule ein *w* dazwischenfunkt, eine Verwandte machte mal aus *lispeln lesbeln*. Wenn Sie ganz sicher gehen wollen, vermeiden sie jegliche persönliche Fragen, damit der/die Homosexuelle nicht in Versuchung gerät, etwas über eine/n mögliche/n Lebenspartner/in loszuwerden. Versuchen Sie Ihrem homosexuellen Gesprächspartner wenigstens einmal kurz in die Augen zu sehen, damit er oder sie nicht das Gefühl bekommt, Sie wären verunsichert. Verabschieden Sie sich so, als verspürten Sie schon jetzt den ernsthaften Wunsch nach einem baldigen Wiedersehen, und dann gehen Sie zügig und drehen sich nicht mehr um.

FÜR MUTIGE LÖWEN

Stellen Sie sich aufrecht vor die betreffende Person und beginnen Sie das Gespräch, indem Sie augenblicklich klarstellen, dass Sie heterosexuell sind, momentan aber ein Buch lesen, das Ihnen durch Aufklärung Sicherheit im Umgang mit homosexuellen Mitmenschen gibt. Behaupten Sie, dass es Ihnen im Prinzip ganz egal ist, was jeder in seinem Bett anstellt. Wahrscheinlich wird der Schwule oder die Lesbe Ihnen entgegenkommen und antworten, dass es ihm/ihr auch egal ist, was Sie in ihrem Bett anstellen. Und schon haben sie beide gegenseitig Sympathie bekundet. Nun könnten Sie die Oberfläche eines Smalltalks durchbrechen, indem Sie ihrem homosexuellen Gesprächsopfer aufmunternd gegen den Oberarm hauen, was zeigt, dass Sie keinen

Anweisungen für einen Smalltalk

Körperkontakt scheuen. Der Schwule wird etwas ins Wanken geraten, die Lesbe wird, Ihren Erwartungen entsprechend, zurückschlagen. Scheuen Sie sich nicht, Ihre letzten offen gebliebenen Fragen zu stellen, zum Beispiel, ob der *lesbische Bettentod* in jeder lesbischen Beziehung vorkommt, oder ob sich im Darkroom nicht doch hin und wieder eine Frau versteckt. Keine Angst, Lesben und Schwule sind dankbar für jedes echte Interesse. Wagen Sie sich noch ein Stückchen vor, erzählen Sie von Ihren homosexuellen Fantasien und beobachten Sie die homosexuellen Reaktionen. Bleibt Ihr Gegenüber entspannt, können Sie sich auch entspannen, verziehen sich die Lippen zu einem schiefen Grinsen, gehen Sie wieder weg von Ihren homosexuellen Fantasien und versuchen nie wieder daran zu denken. Das Lesen der Körpersprache ist ein hohes Gut in der Kunst des Smalltalks. Sie machen das schon und Sie machen das gut. Zeichnet sich durch einen äußeren Umstand gegeben ein Ende des Gesprächs ab, lehnen Sie mutiger Löwe sich getrost noch ein Stück weiter aus dem Fenster. Nehmen Sie die homosexuelle Hand in Ihre beiden Hände und versichern Sie, dass es Sie sehr, wirklich sehr gefreut hat.

__ Und grüßen Sie schön, rufen Sie hinterher, grüßen Sie von mir Ihresgleichen.

Ausreden für Homophobe

Sollten Sie eine starke Angst oder Abneigung gegenüber Homosexuellen verspüren, die sich zuweilen so äußert, dass Sie Ihre lesbische Kollegin mobben, als Mann Beklemmungen bekommen, wenn ein Kater um ihre Beine schleicht, Sie als Politikerin steuerliche und rechtliche Gleichberechtigung von Homosexuellen mit aller Macht zu verhindern versuchen, dass Sie sich im Umgang mit ihrem schwulen Nachbarn nur zwischen Ignoranz und Prügelei zu entscheiden brauchen, dass Sie sich als Mann emotional stark von Frauen abhängig fühlen, weil Sie erst eine Frau in Ihrer Nähe finden müssen, wenn Sie das spontane Gefühl befällt vor lauter Glück jemanden um den Hals fallen zu wollen, dann sind Sie allem Anschein nach homophob veranlagt.

__ *Homophobe leiden an mangelndem Selbstwertgefühl und können sich nur durch Unterdrückung des Andersartigen für ein paar Minuten aus ihrer misslichen Lage befreien.*

__ Da eine besonders starke Homophobie oft durch die eigenen verdrängten homosexuellen Anteile begründet ist (eine Untersuchung zur Einstellung gegenüber Homosexuellen von Henry Adams, Sexualwissenschafter an der Universität Georgia, ergab, dass ausgerechnet die Männer, die sich am feindseligsten äußerten, mit einem wesentlich stärkeren erektilen Impuls auf schwule Bilder reagierten als Männer, die ein entspanntes Verhältnis zur Homosexualität pflegen), möchten wir hier eine Reihe von Ausreden offerieren,

Ausreden für Homophobe

mit denen Betroffene sich und ihrer Umwelt im Kampf gegen die absurde Unterstellung einer homosexuellen Neigung entgegen treten können:

Nur, weil ich mich als Mann sexuell zu einem Mann hingezogen fühle, bin ich nicht gleich schwul, denn schließlich bin ich verheiratet und mag meine Frau irgendwie ja auch.

Wenn ich lesbisch wäre, dann könnte ich ja gar nicht so elegant auf meinen Pumps laufen, dann besäße ich diesen Lippenstift hier nicht und dächte, Lidschatten wäre eine altersbedingte Furchenbildung.

Ich muss ja auch herzlich über die homofeindlichen Witze meiner Stammtischbrüder lachen, so herzlich, dass ich mich an der behaarten Hand meines Platznachbarns festhalten muss, um nicht vom Stuhl zu fallen.

Als mir mal eine komplett betrunkene Schwuchtel in den Schritt gefasst hat, habe ich immerhin keine Erektion bekommen.

Ich trenne mich nicht ständig von Männern, um von meiner besten Freundin in den Arm genommen zu werden. Ich trenne mich nur, weil noch keiner der Männer, die ich hatte, so schön und sexy war und so wunderbar roch wie meine beste Freundin.

Die Frau, in die ich als Frau verliebt bin, ist hetero, dann werde ich das ja wohl auch sein.

Dass ich als 48-jähriger Mann noch bei meiner Mutter wohne, liegt nur daran, dass noch keine Frau so war wie sie, und dass es solche Frauen gibt, sieht man ja an meiner Mutter.

Ich ziehe als Mann nur die Klamotten meiner Frau an, um ihre Größe im Kopf zu haben, wenn ich mal wieder so ein umwerfend todschickes Kleid sehe, das ich ihr schenken darf.

Die Geschlechtsorgane meiner Geschlechtsgenossen habe ich doch selber.

In die Irre führend

Lesben = Kugelstoßerinnen = lesbisch?

Ob alle Kugelstoßerinnen lesbisch sind, alle Eiskunstläufer schwul, ob nur aus Schwulen Eisprinzessinnen werden können und aus Lesben stabile, grobe Werferinnen? Nein, die Wahrheit ist eine andere. Bisher hatte nur ein kleiner Kreis Auserwählter Einblick in die Machenschaften diverser Sportinternate. Ob und inwiefern das IOC daran beteiligt war, konnte bis heute nicht geklärt werden. Allerdings hat sich ein Betroffener in unserer Redaktion zu Wort gemeldet und für Aufklärung gesorgt. Andreas Stubbenkuss, ein Name, der in Zukunft für Mut, Offenheit und Toleranz stehen wird. Hier, für Sie, der exklusive Tatsachenbericht, die Lebensbeichte des Andreas S.:

> Mit sieben Jahren warf der kleine Andreas Stubbenkuss den Ball weiter als alle anderen in seinem Alter. Zwei Jahre später warf er auch kleine Felsbrocken, und im Jahr darauf halbe Gehwegplatten. Das Phänomen Andreas Stubbenkuss sprach sich in Windeseile herum und so war es nicht verwunderlich, dass eines Tages ein Mann vom Sportinternat an die Tür klopfte und vorsprach. Er garantierte vom Fleck weg eine Karriere im

Leistungssport. Stubbenkuss' Eltern waren dermaßen begeistert, dass sie, wenn auch schweren Herzens, den kleinen Andreas kurz darauf auf die Sportschule schickten, wo er von nun an mit weiteren Talenten trainierte und lebte. Zusammen träumten sie von Weltmeisterschaften und den olympischen Spielen. Bis dahin schien es aber noch ein langer qualvoller schweißtreibender Weg mit viel Training und den komischen kleinen Tabletten, die jeder Internatsschüler zusammen mit den Mahlzeiten runterzuschlucken hatte – für eure Abwehrkräfte! Andreas' Hauptaugenmerk lag auf der Disziplin des Kugelstoßens. Jahre des Trainings zogen ins Land, und damit ergab sich ein enormer Tablettenkonsum.

Seltsam zwar erschien die Tatsache, dass Andreas keinen Bartwuchs bekam, stattdessen aber kleine tütenförmige Brüste, doch der wachsende Erfolg ließ keine Fragen zu. Und dann, eines Tages, die Sonne schien, wurde bei Andreas zum ersten Mal, wie selbstverständlich, das *s* weggelassen. Andrea sagten die Trainer fortan zu ihm. Andrea. Alles ergab sich leise und schleichend, bis der Prozess nach mehreren Jahren ein Ende fand.

Der Sportmediziner des Internats war sehr zufrieden mit seiner Arbeit und bekam eine Gehaltserhöhung. Andrea war eine Meisterin des Kugelstoßens, war besser als all die anderen. Andrea gewann sehr viel Gold und Urkunden, Anerkennung, Freunde. Die kleinen Opfer – die Brüste, die Bartlosigkeit, der Name – die brachte sie gern.

Genauso wie Andreas alias Andrea ergeht es vielen Sportlern, die sich in bestimmten Sportarten immer der Homosexualität bezichtigen lassen müssen. Sei es beim Fußball, Speerwerfen, Diskuswerfen oder Gewichtheben – all diese Frauen besaßen vor Jahren männliche Vornamen. Wohingegen Sportler in den Kategorien Bodenturnen, Turmspringen, Eiskunstlaufen sich einst mit weiblichen Vornamen schmücken durften.

Priester = schwul = pädophil?

Ein schwuler Priester ist homosexuell, nicht pädosexuell. Pädosexuelle Vergehen werden in der Mehrheit von heterosexuellen Männern an Mädchen begangen. Schwule Priester gibt es dennoch, und auch pädophile, deren Opfer Jungen sind. Die Fälle geisterten durch die Medien und man fragte sich, was ist in der Kirche los? Was ist mit den Priestern los? Der Jesuit und Psychotherapeut Hermann Kügler erklärt in einem Spiegel-Interview, dass er in den bekannt gewordenen Fällen von homosexuellen und pädophilen Handlungen durch Priester ein Indiz dafür sieht, *dass das Priesteramt in der katholischen Kirche hoch attraktiv ist für Menschen, die in ihrer sexuellen Entwicklung auf einer kindlichen oder pubertären Stufe stehen geblieben sind. Viele angehende Priester unterliegen dem Irrtum, dass sie sich mit ihrer psychosexuellen Entwicklung nicht auseinandersetzen müssen, da sie ja ohnehin ein zölibatäres Amt anstreben.*

__ Weiterhin nennt er die katholische Kirche *die größte transnationale Schwulenorganisation,* die in manchen Priesterjahrgängen *bis zu 40 % ihrer Kandidaten verlieren würde,* wenn man dem Schwulen-Erlass des Vatikans nachkommen würde. Der Vatikan hat sich nämlich neuerdings zur Aufgabe gemacht, Priesteranwärter mit *tief verwurzelter homosexueller Neigung* von ihrem Plan, Priester zu werden, abzubringen. Diesen Schwulen möchte die Kirche in Zukunft das Zölibat verweigern, und macht ihnen somit den Weg in eine normale Sexualität frei, verweigert ihnen aber zugleich ein Leben ausschließlich unter Gleichgesinnten. Was soll man ihnen wünschen? Dass sie ihren Lebensweg selbst bestimmen können, in jedem Fall.

__ Fazit: Homosexualität und Pädosexualität sind zwei Paar Schuhe, aber schwule Priester, die gibt es.

Gar nicht zu reden vom homoerotischsten aller Männerbünde: der katholischen Kirche. Da nichts so zusammenschmiedet wie das Nichtgelebte, das Heimliche und Verbotene, ist die Homophobie der wirksamste Kitt der Weltkirche.

ALICE SCHWARZER

Transe = Tunte = Tucke?

Ich habe mich unter *Betroffenen* umgehört, was eigentlich der Unterschied zwischen einer Tucke und einer Tunte ist. Das Ergebnis ist, dass es selbst unter den eingefleischtesten Szene-Schwulen keine eindeutige Antwort darauf gibt. Einer sagte: Eine Tunte, das ist Thomas Hermanns und eine Tucke, das ist Daniel Küblböck. Der Unterschied zwischen beiden läge ja wohl klar auf der Hand (?!). Ein anderer sagte, Tunte wäre ein Schimpfwort und Tucke eine *wertfreie* Bezeichnung. Der nächste sagte: *Gebrochene Handgelenke, auffällige Klamotten (bauchfrei), Stimme wie zehn Jahre die Nase verstopft, sehr weiblich geschminkt und fertig ist die Tunte.* Darauf kam die Antwort prompt: Aber das ist doch eine Tucke!
__ Also, ein einziges Verwirrspiel, das Tucken und Tunten betreiben. Ob Tucke nun eine neumodische Bezeichnung für Tunte ist oder eine Tunte schlechter geschminkt und im billigeren Fummel als eine Tucke; eine Tucke Tucke spielt und eine Tunte Tunte ist, ob sie will oder nicht, ob eine Tunte rumtuckt oder eine Tucke tuntig das Sektglas hebt – dieses Knäuel ist nicht so leicht auseinanderzufummeln.
__ Wohingegen eine Transe etwas völlig anderes ist. Eine Transe kann zwar auch tuckig und tuntig sein, ist aber zusätzlich eine Spezies für sich. Das Wort Transe kann eine/n Transsexuelle/n oder einen Transvestiten bezeichnen. Ein Transsexueller ist wiederum etwas anderes als ein Transvestit. Ein Transsexueller fühlt sich im falschen Körper und verspürt einen großen Leidensdruck.

Er trägt Klamotten des *offensichtlich falschen Geschlechtes,* weil das *offensichtlich falsche Geschlecht* nämlich sein richtiges ist. Ist im Prinzip ganz einfach. Er ist ein Mann und trägt Männerklamotten, trotz der Brüste, die ihm fälschlicherweise gewachsen sind, oder die Transsexuelle trägt ein Kleid, wie alle anderen Frauen auch, weil sie eine Frau ist, trotz des männlichen Geschlechtsteils. Ein Transvestit kleidet sich gern wie das andere Geschlecht, fühlt sich aber nicht dem anderen Geschlecht biologisch angehörig, muss nicht mal zwangsläufig homosexuell sein.

Das da drüben zum Beispiel ist 'ne Transe.   EINE TUCKIGE TUNTE

Schwul = weibisch + Lesbisch = vermannt?

An dieser Stelle muss eine Behauptung von anderer Stelle des Buches leicht korrigiert werden. Man sieht vielen Homosexuellen überhaupt nicht an, dass sie homosexuell sind. Sie sind reingefallen. Wie soll das auch gehen? Ihnen sieht man ja auch nicht an, welche Apfelsorte Sie bevorzugen, wenn Sie einem über den Weg laufen. Mit unseren Tipps können Sie bestenfalls die Homosexuellen erkennen, die auch erkannt werden wollen oder sollen. Um von Ihnen erkannt zu werden, sprechen einige eine Sprache, die Sie verstehen: Die Geschlechterrollenverteilungssprache. So gibt sich mancher Schwule weibisch und manche Lesbe vermannt, mal in Tendenzen, mal in voller Ladung, manchmal, weil sie sich gerade so fühlen, manchmal, weil sie Sie provozieren wollen, manchmal, damit sich ein Homo in sie verliebt oder ein Hetero sich nicht in sie verliebt, manchmal natürlich auch, weil sie es irgendwie doch in den Genen/Knochen haben. Aber anstatt dass es Sie verwirren, ärgern oder provozieren sollte, wenn die Homos nicht den gängigen Rollenklischees entsprechen, sollten Sie sich vor Augen führen, dass die Homosexuellen damit in den letzten Jahren auch für Ihr Wohlergehen gesorgt haben. So müssen Sie sich als Mann heutzutage nicht mehr krampfhaft dem Diktat Ihrer Geschlechterrolle unterwerfen. Sie dürfen ohne Schusswunde einschlafen, Parfum benutzen, den Teppich saugen, statt einen Baum mit bloßen Händen zu fällen, und weinen dürfen Sie auch, ohne dass Sie gleich als Weichei gelten.

__ Was die Lesben für die Frauenbewegung und die Frauenbewegung für die Emanzipation und die Emanzipation für die Frauen im Allgemeinen bereits geschaffen hat, dürfte auch für viele heterosexuelle Frauen spürbar sein. An dieser Stelle sei gesagt: Übrigens, nicht alle Lesben sind Feministinnen und nicht alle Feministinnen lesbisch.

Feminismus bezeichnet eine Richtung der Frauenbewegung, die von einem Dualismus der Geschlechter ausgeht und die die in der bisherigen Geschichte vorherrschende Dominanz der Männer (Patriarchat) beseitigen will. Feministinnen betonen die besondere weibliche Wesensart, die der männlichen völlig gleichwertig ... gegenüberstehe. Sie versprechen sich von der Durchsetzung weiblicher Werte und Lebenswelten eine Bereicherung für die gesamte menschliche Gattung.

HTTP://DE.WIKIPEDIA.ORG/WIKI/FEMINISMUS

Schwul = AIDS = Schwulenkrankheit?

AIDS ist weder eine Schwulenkrankheit noch eine Afrikakrankheit, keine Fixerkrankheit, auch keine Thailandprostitutionkrankheit, AIDS ist noch immer nicht heilbar, noch nicht *fast verschwunden,* AIDS erkennt man nicht an roten Pusteln und AIDS ist bereits beim *ersten Mal* übertragbar. Es hilft keine Ausrede, um sich vor dem HI Virus zu schützen. Es helfen Kondome und eine gewisse Achtsamkeit im Umgang mit Infizierten und im Umgang der Infizierten mit Nicht-Infizierten. Eine gewisse Achtsamkeit bedeutet nicht, dass man Infizierte nicht berühren oder ansprechen darf. Man darf sie sogar küssen, in einem Bett mit ihnen schlafen und aus demselben Glas trinken. Man darf ganz normal mit ihnen umgehen, sollte aber nicht dieselben Rasierklingen benutzen oder ungeschützt eine blutende Wunde verarzten und selbstverständlich auf ungeschützten Sex verzichten.

__ Im Juni des Jahres 1981 berichteten die »Center for Disease Control and Prevention« (CDC) *über eine auffällige Zunahme einer seltenen Krebsform und einer ungewöhnlichen Form von Lungenentzündungen bei*

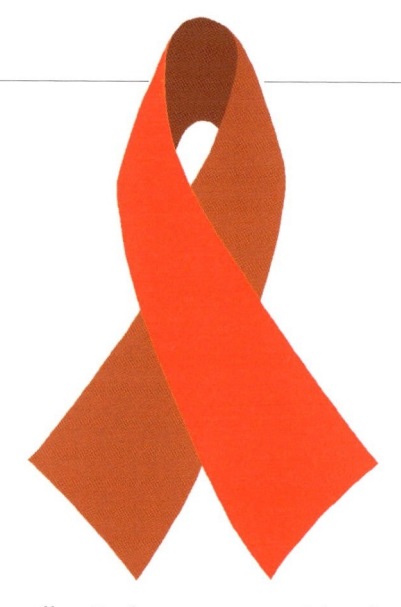

jungen Homosexuellen. Es dauerte ein paar Jahre, bis die Übertragung des HI-Virus durch heterosexuellen Kontakt dokumentiert wurde. Prominente Opfer wie Klaus Nomi und Freddie Mercury trugen dazu bei, dass man versuchte, AIDS ausschließlich den Schwulen in die Schuhe zu schieben. Filme wie *Kaffee, Milch und Zucker* oder *Ausgerechnet Zoe,* die von aidskranken Frauen, heterosexuellen Frauen, erzählten, versuchten diesem Bild entgegen zu wirken. Trotzdem glauben noch immer einige Heteros, AIDS könne ihnen nichts anhaben. Eine Ansteckung ist jedoch über Blut, Sperma, Scheidenflüssigkeit und Muttermilch möglich, die das Virus in hoher Konzentration enthalten können. Und solange all diese Körperflüssigkeiten auch in den Heteros zirkulieren, sind auch die Heteros von der *Schwulenkrankheit* bedroht.
__ Derzeit sind etwa 40 Millionen Menschen mit dem HI-Virus infiziert, der zum Ausbruch der Krankheit AIDS (Acquired Immune Deficiency Syndrome) führt. Zwar gibt es mittlerweile (mit starken Nebenwirkungen verbundene) Medikamente, die den Verlauf der Krankheit verlangsamen, aber ausrotten können sie sie nicht. 95% aller HIV-Infizierten entfallen auf Entwicklungs- und Schwellenländer, denen Medikamente nicht zur Verfügung stehen. In einigen afrikanischen Ländern sind ein Viertel der Einwohner infiziert. Hier fehlt es nicht nur an Medikamenten, sondern auch an Aufklärung und Kondomen.

__ Hierzulande ist die AIDS-Sterblichkeit merklich gesunken, was momentan dazu führt, dass die Zahl der Neuinfektionen wieder steigt. Heutzutage ist die Bedrohung nicht mehr der Trugschluss, dass AIDS nur Schwule haben oder bekommen können, sondern der Glaube, mit Medikamenten ließe sich die Krankheit besiegen.

Widerlegbare Faustformeln

Schwule halten Katzen, Lesben Hunde. Schwule wohnen im Loft, Lesben in WGs. Schwule sind mit Tussen befreundet, Lesben mit Tunten. Schwule spielen Badminton, Lesben Handball. Schwule trinken Prosecco, Lesben Bier. Schwule machen eine Ausbildung zum Kindergärtner, Lesben studieren Soziologie. Schwule kichern, Lesben rülpsen. Schwule haben's gern von hinten, Lesben lieber vorn. Lesben tragen gerne Boots, Schwule Pumps, ach nein, geht nicht, das hat ja schon die Sparte *Transe* für sich gepachtet. Gut, die romantischen Komödien werden von den Schwulen unterstützt und Rambozambo von den Lesben. Eine dicke Lesbe geht auf dem Singlemarkt genauso weg wie eine Dünne, der dicke Schwule bleibt allein. Lesben sind hartnäckig, Schwule laufen weg. Lesben sind pragmatisch, ein Schwuler ist unentschlossen, zögerlich und quatscht stundenlang am Telefon. Schwule haben Darkrooms, Lesben dürfen da nicht rein. Lesben trinken aus Flaschen, Schwule aus schönen Gläsern mit üppig verziertem Rand, es sei denn man gehört in die Gruppe Lederhose und vermag Schmerz in Lust zu verwandeln. Lesben schminken sich nicht gerne, Schwule besitzen köfferchenweise Döschen, Cremchen und Puderchen. Lesben sind Tischler, Schwule eher – am liebsten nichts, ansonsten gern in der Dienstleistung tätig, besonders gern in gehobener Position, mit schniekem Anzug und sauberen Fingernägeln. Lesben sind chaotisch, Schwule ordentlich.

__ Pink und Rosa sind wessen Lieblingsfarben? Und wer steht auf Braun und Grün? Nun sollten Sie die Worte Schwule und Lesben sooft gehört haben, dass Ihnen die Antwort völlig leicht von den Lippen geht.

Homosexuelles Vokabular

AKTIV&PASSIV
bezieht sich auf den Analverkehr. Der, der penetriert, ist aktiv, der andere dementsprechend passiv.

BAREBACK
schwuler ungeschützter Sex. Es gibt Barebackparties, Sexparties, bei denen bewusst auf Kondome verzichtet wird.

COMING OUT/IN
wörtl. übersetzt: herauskommen/hereintreten. Seine Homosexualität bzw. wiedergewonnene Heterosexualität bekannt machen.

CRUISING AREAS
sind Sextreffpunkte von Schwulen. Parks sind beliebte Cruising Areas, aber auch Strände oder Toiletten zum Beispiel. Willige Schwule schleichen herum, geben oder warten auf Zeichen, um sich in der Cruising Area mit jemandem vom gleichen Geschlecht zurückzuziehen.

DENTAL DAM
ist ein Latextuch, das Lesben benutzen, um sich beim Oralverkehr vor HIV zu schützen.

GABI
ist eine Hetera, die sich gerne mit Schwulen umgibt.

GAYDAR
der schwul-lesbische Radar, der Homosexuelle/s in der Umgebung zuverlässig aufspürt. Man könnte es auch schwul-lesbische Intuition nennen.

Homosexuelles Vokabular

GAYROMEO
das so genannte schwule Einwohnermeldeamt. Eine schwule Kontaktseite im Internet, auf der sich nahezu jeder schwule Mann registriert hat bzw. registriert war oder zukünftig registriert sein wird.

GAYSPOTTING
das Erkennen von Homosexuellen

HANKY CODE
In Form von farblichen Tüchern seine sexuellen Vorlieben zur Schau stellen.

INTERSEXUELL
So bezeichnet man jemanden, der sowohl weibliche als auch männliche Geschlechtsorgane aufweist. Ein altertümlicher Begriff ist Zwitter.

KLAPPE/GLORY HOLE
Eine Klappe ist in der Schwulenszene ein Begriff für öffentliche Toiletten, auf denen Schwule zumeist anonymen Sex haben. Ein Loch zwischen zwei Kabinen, damit man dem anderen nicht ins Gesicht zu sehen braucht, heißt Glory Hole.

LESBISCHER BETTENTOD
so nennt man das Phänomen, das angeblich sehr häufig in lesbischen Beziehungen auftritt. Die beiden Frauen gehen eine Symbiose ein und nach einiger Zeit wird Sex ganz und gar eingestellt.

LFT
ist die Abkürzung für das alljährlich in einer anderen Stadt stattfindende Lesbenfrühlingstreffen. Seit über 30 Jahren treffen sich lesbische Frauen, um zu reden, feiern, tanzen und natürlich Workshops zu besuchen.

POPPERS
Geilmachdroge, die in der schwulen Szene häufig Anwendung findet.

QUEER AS FOLK/THE L-WORD
sind zwei beliebte Serien bei den Homos, in denen homosexuelle Charaktere im Vordergrund stehen.

PRINZ ALBERT
Intimpiercing

SCHRANKLESBE/KLEMMSCHWESTER
nicht geoutete Lesben/Schwule

SIEGESSÄULE
eines der bekanntesten kostenlosen Magazine, das über homosexuelle Themen informiert und den Berliner Homos sagt, was terminlich im Monat ansteht.

STRAIGHT ACTOR
nennt man Homos, die auf hetero machen.

TEDDY
schwul-lesbischer Filmpreis

TRANSGENDER
bei einem Transgender entspricht das Identitätsgeschlecht nicht den körperlichen Geschlechtsorganen.

TRÜMMERTUNTE
Sie trinkt zuviel Fusel, kauft bei Humana, tanzt oben ohne trotz käseweißer untrainierter Brust. Sie müsste mal von Grund auf aufgebaut werden, Stein auf Stein, Zahn um Zahn.

Adressen, Telefonnummern und Websites

BUNDESVERBAND DER ELTERN, FREUNDE UND ANGEHÖRIGEN VON HOMOSEXUELLEN (BEFAH) e.V.
Tel: 0049 5131 478050, www.befah.de

LESBEN- UND SCHWULENVERBAND DEUTSCHLAND (LSVD)
www.lsvd.de (Unter *Community* finden Sie zahlreiche *Links* zu allen möglichen schwul-lesbischen Seiten; von A wie Au-Pair-Vermittlung an homosexuelle Elternpaare bis Z wie zeitgenössisch eingerichtete Appartements in den beliebtesten Schwulenvierteln von Paris.)
Geschäftsstelle Köln Tel: 0049 221 9259610

DEUTSCHE AIDS-HILFE e.V.
Postfach 610149, DE-10921 Berlin
Tel: 0049 30 6900870

ÖKUMENISCHE ARBEITSGRUPPE HOMOSEXUELLE UND KIRCHE (HUK)
Postfach 500437, DE-52088 Aachen
Tel: 0049 241 12346

HOMOSEXUELLE INITIATIVE WIEN (HOSI)
Novaragasse 40, AT-1020 Wien
Tel: 0043 1 2166604, www.hosiwien.at

PINK CROSS
Postfach 7512, CH-3001 Bern
Tel.: 0041 31 3723300, www.pinkcross.ch

WWW.TANGIERT.DE
Fraueninitiative TANGIERT – eine Initiative für Frauen, deren Partner sich als bisexuell oder schwul outen.

WWW.GAYSTATION.DE
bietet ein umfassendes Informationsangebot für Schwule, Lesben, Bi's und Interessierte, und unter http://gaystation.de/law/ finden Sie einen ausführlichen Überblick über die bestehenden Strafgesetze auf der ganzen Welt.

WWW.ERIKAHILFT.DE
Erika Berger sagt Ihnen für 1,49 Euro/Min die Wahrheit über alle noch offenen Fragen.

WWW.WOLFGAY.DE
informiert umfassend über die Gay community.

WWW.ADVOCATE.COM
bekanntes US-amerikanisches Magazin für Lesben und Schwule.

WWW.GAY-SEARCH.COM
die schwule Suchmaschine

WWW.HAZ.CH
Homosexuelle Arbeitsgruppen Zürich

WWW.AIDS.CH
Aids-Hilfe Schweiz

WWW.FELS-ELTERN.CH
Freundinnen, Freunde und Eltern von Lesben und Schwulen

WWW.LOS.CH
Lesben Organisation Schweiz

WWW.LESBIAN.CH
Online Portal für Lesben von Lesben

WWW.SIEGESSAEULE.DE

WWW.L-MAG.DE

WWW.LESARION.DE

WWW.GAYROMEO.DE

WWW.DBNA.DE

WWW.SCHWULE-VAETER-BERLIN.DE.VU

WWW.ZAH.CH/HILDEGARD

Die Autoren

Ariane Grundies, geboren 1979 in Stralsund, Studium am Deutschen Literaturinstitut in Leipzig, lebt als freie Autorin in Berlin. Bisher erschienen: *Schön sind immer die andern* (Erzählungen, 2004), *Am Ende ich* (Roman, 2006).

Björn Grundies, geboren 1974 in Stralsund, Schauspielstudium an der Hochschule für Musik und Theater Felix Mendelssohn Bartholdy in Leipzig, 1998–2003 Ensemblemitglied des Thalia Theaters in Hamburg, 2002–2005 Seriendarsteller im *Alphateam* (Sat1), verschiedene Film- und Fernseheproduktionen.

Der Illustrator

Daniel Müller, geboren 1964 in Baden/Schweiz, Studium an der Kunstgewerbeschule Luzern und an der Schule für Gestaltung Zürich, lebt und arbeitet als freier Illustrator in Zürich. www.illumueller.ch

Danksagung

Die Autoren danken ihren Eltern, sowie allen Ideengebern, Informanten und Inspirationsquellen.
__ Ariane dankt Caro und Daniel.